U0556770

说说青春那些事儿

女生篇

鸪　衣◎著

图书在版编目（CIP）数据

说说青春那些事儿．女生篇／鸪衣著．—北京：北京大学出版社，2016.6
ISBN 978-7-301-27021-9

Ⅰ．①说… Ⅱ．①鸪… Ⅲ．①女性—家庭教育 Ⅳ．①G78

中国版本图书馆 CIP 数据核字(2016)第 067572 号

书　　名	说说青春那些事儿（女生篇） Shuoshuo Qingchun Naxie Shir（Nüsheng Pian）
著作责任者	鸪　衣　著
责任编辑	宋智广　马亚丽
标准书号	ISBN 978-7-301-27021-9
出版发行	北京大学出版社
地　　址	北京市海淀区成府路 205 号　100871
网　　址	http://www.pup.cn　　新浪微博：@北京大学出版社
电子信箱	zpup@pup.cn
电　　话	邮购部 62752015　发行部 62750672　编辑部 62988864-613
印 刷 者	北京大学印刷厂
经 销 者	新华书店
	710 毫米×1000 毫米　16 开本　13.5 印张　168 千字
	2016 年 6 月第 1 版　2016 年 6 月第 1 次印刷
定　　价	33.00 元

❀ 推荐序

鸪衣，是一位在人群里会发光的女子。我对鸪衣的了解，大都源自她的文字。第一次读她的作品，我就有种感觉：仿佛是前世丢失的知音，到了今世，恰巧遇见，值得无比珍惜。

关于鸪衣，你不用看她的文字，看见她的人，你就能闻到浓浓的书香，这应该归功于家族环境的熏陶。鸪衣的祖母，写得一手好字，弹得一手好琴，说一口流利的英文，是新中国的第一代英语老师。祖母的父亲，清末秀才，后留洋日本，给女儿灌输的第一个思想就是：腹有诗书气自华。这个思想贯穿了祖母一生。小时候，鸪衣偶有做错事，祖母不会过多地责怪批评，只淡淡地拿出一本书，说："看书去。"

鸪衣的父亲是位语文老师，颇得学生喜爱。在教育战线上奋斗了很多年，父亲最大的心得是家庭教育和学校教育有很大的不同，唯一相同的地方是不要扼杀孩子的兴趣，要善于发现孩子的特长。鸪衣理所当然地成了受益者。父亲激发了鸪衣对文字的热爱。即便在生活最艰难的时候，父亲也没有在鸪衣买书的问题上苛刻过。在父亲看来，书是精神食粮，比米饭更可贵，人可以少吃一顿饭，却不能少读一本书。而且，父亲从不以学习成绩要挟，只要鸪衣愿意可以随时抱着书看，从而保证了鸪衣读高中的时候还有闲心读闲书，写文章。

对于鸪衣的教育，父亲有自己的想法。比如鸪衣对文字的热爱，是自己坚持下来的。在这个过程中，父亲从没有刻意挖掘或者干涉。

父亲觉得，父母要做的不仅仅是由着孩子自己滋长自己的喜好，更应该在孩子对某项事物好奇的时候，第一时间做到肯定和鼓励。因为父母的肯定和鼓励对孩子很重要。

再比如，父亲认为，家长可以对孩子放养，却不能没有学习目标。我们的目标不是一定要考取清华北大，不是一定要上“211”高校，但是，有一点必须让孩子明白，每个阶段的任务是不一样的，学习的时候学习是最重要的，绝不能避重就轻，全凭自己的喜好做事。这是一条很重要的生存法则，不能全无目标。

教育世家出身的鸪衣，对于教育的理解尤为深刻，她觉得教育是一个人一辈子的事业。她利用业余时间，认真地研究国内外教育大师的各种案例，比较赞赏玛利亚·蒙台梭利（Maria Montessori），并致力打造适合中国国情的家教新模式。

《说说青春那些事儿》倾注了鸪衣大量的心血。在书中，鸪衣以孩子在成长的轨迹中可能发生的事件为例，用最朴实而极具感染力的语言，警醒天下父母，该如何善待孩子，提高爱的质量。

鸪衣的文字里，透着智慧！

韦秀英

2015 年深秋于北京

❊ 前　言

那时，微博和微信还没有盛行。在一个颇有名气的论坛，我看到一篇文章，写国外对孩子的教育如何如何，国内对孩子的教育如何如何，作了很多对比，有家庭方面的，有学校方面的，让人感触颇多。有很多人跟帖支持楼主的说法，也有很多人质疑并反对楼主的说法。

我没有去考证这篇文章的真实性，真实性重要吗？不重要。重要的应该是如何去引导教育孩子，如何学会不用生硬的语气和孩子说话，如何在第一时间发现孩子的情绪不对，如何走出教育的迷茫……

那是这篇文章带给我的思考，那天之后我开始思索这些问题。

那时还没有决定写这套书，我只是纯粹地带着这些最原始的想法，拜访了几位老师。交谈之后，我受到了不少启发，觉得自己应该为教育事业做些什么。几晚的辗转反侧之后，才有了写这套书的想法。

那之后的三年时间，我就很多成长问题和许多身处青春期的孩子进行了交流，听了很多故事，很多我们以为会这样的原因，在和他们深度接触后，却发现原来是那样的原因。

看看，很多时候，我们连孩子真切的想法都不知道，又从何讲交流，从何讲理解，从何讲教育呢？

所以，我很希望身为父母的你们，认真地读一读这套书，除了几个例子，大部分的故事都取材于身边极普通的人群，当你们因执拗于某个问题而质疑孩子的时候，或许读了孩子的心声就会转变一个角度。

其实一开始我并没有准备将男生和女生的故事分册，很多故事原本就和性别没有太多关系。但是，听到的故事太多，又大多不想舍弃，慢慢整理下来，发现已经不是一本书能承载了，才不得不出了这个下策。

有几句话是送给青春期的女孩的——

亲爱的女孩：

如果说每个男孩都有一个英雄梦的话，那么每个女孩都有一个美人梦。

这无可厚非。《红楼梦》中，贾宝玉说“女人是水做的骨肉，男人是泥做的骨肉”。所以，女生天生就和美沾亲带故，“爱美”完全可以爱得理直气壮。

只是何为美？

是一双楚楚可人的眼睛，还是窈窕可人的身姿？是的，在特定的年龄段，美貌是女孩的一大资本，但是这样的资本保质期太短，而我们的人生又太漫长。这样肤浅的美还不足以撑起我们整个人生。

那么问题就来了，我们需要的究竟是什么样的美呢？

一是品德美。

拥有好的品德能让人产生亲和力，就像圣洁的光环一样，自然而然就能吸引人。

另一个就是学识美，就是所谓的知性的魅力。

这并不是靠穿衣打扮就能滋生出来的，需要文化底蕴一层层堆积，靠知识烘托气质。所以，现在我们就必须培养良好的学习习惯，不是为学习而学习，而是为自己而学习。我始终认为，爱学习的女孩才是最美的。

写这套书的时候，我得到了数以千计的孩子的支持，在此表示感谢！一并感谢这些孩子的家长及老师！谢谢你们的参与，才让这套书有机会得以问世！

目 录

✲ 亲情，我们不知道另一种真相

淋雨的蒲公英

坦白讲，我对这次的谈话没有什么太特别的想法。

她是我一个朋友的女儿，见过几次，并不是太熟悉。街头遇到，她叫了几声阿姨，我才后知后觉地认出她是杜安。

原本只是打声招呼、寒暄几句就可以结束的事情，但是却不知她何来的固执，一定要拉着我喝一杯奶茶。她说："阿姨，我知道您忙，但是我还想向您讨一杯奶茶的时间。"

她用了"讨"这个字，这个字让我无处可逃。

杜安挑的奶茶店在街角某个不起眼的角落。因为那天在下雨，店门口有一个红色水盆，用来放置顾客的雨伞。

店不大，没有窗。屋内零星地摆放着几套奶白色的桌椅，没有烦琐的装饰，倒也不显得凌乱和拥挤。

杜安拘谨地坐着，手几次从腿上移到奶茶杯上，又从奶茶杯上移到腿上。可能觉得动作太过频繁，有些不妥，见我在看她，她立马低头咬住吸管。很长一段时间，她就保持着这个姿势，全然没有了街头

拉着我一定要请我喝奶茶的那点霸气。

最终，还是我打破了这份沉默。

“你再沉默下去，我就会紧张了，我会以为你有很重要很重要的事情对我说，比如会向我借钱——”我假装紧张地捂住钱包，“我很穷的。”

她扑哧笑了起来。“阿姨，您比我妈有趣多了。”

我也笑了。“现在可以告诉我，你想和我聊什么了吧？”

她的表情僵了一下，低下头，再次咬住吸管。“阿姨，其实今天我原准备离家出走的，只是遇到了您……”

那句话她是咬着吸管说的，语速又有些快，我恍惚了一下，才把这句模糊不清的话弄明白。

离家出走！

我强压下心头的震惊，问：“发生了什么事？”

“我妈妈生我的时候是难产，我在她肚子里迟迟不愿意出来，即将危及生命，医生准备剖宫产签字的时候，我才出来。爸爸对我说，我太调皮了，妈妈是多爱美的女人啊，要是在肚子上留了疤，她就会遗憾一辈子了。”

我笑了。“男人不是女人，他们不懂女人。其实，这道疤不会让女人遗憾，只会让女人自豪。”

“嗯，之前我不知道，一直以为爸爸说的是对的，可是听了妈妈的话后，我就知道爸爸错了。”她吸了一口奶茶，“妈妈找我谈过了，她和爸爸准备生二胎，也考虑到了难产的问题，所以可能会选择剖宫产。”

“有说理由吗？”

“她说是为我考虑，只有我一个孩子的话，以后负担太重，要照顾几个老人。”她皱了一下眉，“我不太认同他们的说法。我的负担轻不轻、重不重还是未知数，但是妈妈生下弟弟或妹妹后，他们的负担就重了。那是最直接的负担，所以我是反对的。因为我的反对，我们吵了一架。”

“这是你想离家出走的理由？”我问。

“是妈妈的一句话伤害了我。她说他们没有重男轻女的思想，我不需要为那个还不知道性别的孩子感到压力。”她咬住下嘴唇，“我虽然不喜欢弟弟妹妹分享爸妈对我的宠爱，但还不至于以这样的心思思量父母。他们让我失望了。”

口不择言通常是伤害亲人的利刃。我伸过手，隔着一张桌面覆盖在她的手背上。

我突然明白，其实她不是真的要离家出走，她需要的只是一个倾听者听她来宣泄委屈。

从奶茶店出去的时候，雨已经停了。拿雨伞的时候，门口有两个孩子正在小声嘀咕："这蒲公英咋这么笨呀，吹了都不会飞?"

“你才笨，它都淋湿了怎么飞?”

我望向身后的杜安，她此刻显得很安静，已然没有了之前的不安。我知道她不会再有离家出走的念头，但晒干心情还需要一段时间。那是一个漫长的过程，需要的是父母与孩子积极沟通，相互信任。

父母和子女在某些问题上产生一点分歧是很正常的。双方的阅历不一样，看待问题的角度也不一样。在矛盾产生的时候，都不要急于摆出自己的理由说服对方，学会耐心地听取对方的想法才是上上策。

那也是一种心灵的历练。

要知道我们不是单纯地在解决某个问题，而是在解决问题的同时，营造一种可取的比较公平的环境，那种影响是长期的，会直接引导一个人的性格走向。我们希冀的一种状态是最终不管谁让步了，都不会影响双方的心情。

我决定给我的朋友打个电话，而事情发展的方向则需要用心去期待。

有你的方向

10 岁的时候，爸妈离婚，妈妈撇下她嫁给了一个有钱人。

她想妈妈。很想的时候，一个人抱着抱枕哭。

奶奶说："她都不要你了，你哭什么哭？"

爸爸说："没有她天又塌不下来，想找扁？"

那时她还不懂隐忍，继续哭。于是，一个巴掌拍了过来。

几次过后，她开始学乖，但凡奶奶说起妈妈的不是，她不再去反驳。但是，这个在奶奶嘴里再如何不堪的女人，在她的心目中还是那个轻声细语、未语先笑的好妈妈。所以，几个月后，当妈妈出现在她学校的时候，她惊喜万分。但是她不敢对着妈妈笑，也不敢哭，只是怯怯地看着妈妈。

妈妈在她面前哭得稀里哗啦。

那之后，妈妈经常偷偷来看她，给她带的零食，她只敢拿一点，确保回家前能吃掉。买的漂亮衣服，她坚决不要。但即便如此，还是被奶奶和爸爸发现了一些端倪。有一次，在餐桌上，她不小心透露了妈妈的信息，迎接她的又是一阵拳打脚踢。

但是这样的疼痛和见妈妈比起来，又算得了什么呢？

她疼得龇牙咧嘴，却还是忍不住笑。她以为只要她能挨住拳头，妈妈就不会离开。

可是妈妈却不再来了。

她伸长脖子等，等得人瘦了，个高了，小学毕业了，妈妈还是没出现。她想妈妈这次是真的不要她了。

她上了初中，不再提妈妈，妈妈的样子开始变得模糊。她羡慕那些由妈妈接送的孩子，但是却只能装作不以为然，因为她没有妈妈！是的，她告诫自己，她没有妈妈。

每天，她背着书包，自己走路上学，走路回家。晴天如此，雨天也是如此。下雨天的时候，也有同学妈妈的车停下来，主动提出捎她一段，但是，她倨傲地拒绝，她不想让自己沉沦到某些虚无的关怀中，对母爱产生向往与挂念。

她初二的时候，妈妈又在学校出现了。望着妈妈，她的眼神流露出淡漠。“你以后还是不要来了，我不知道如何向我的同学介绍我的妈妈。”

妈妈终究成了她的耻辱！

讲故事的人开始痛哭。

那是一个周六，地点是在我朋友的咖啡厅。给我讲这个故事的是一个长发齐腰的漂亮妈妈。我递上纸巾，一张，两张……这是我们相遇几次后的第一次闲聊，因为还不是太熟，所以我无法参与到她的话题中。在等待她情绪平复的过程中，我望向窗外。隔着一条马路，对面的一家教育培训机构的红字招牌耀眼得像燃烧的太阳。

我突然明白过来。

“故事里的孩子在对面补课，你坐在这里仅仅是为了隔窗见她一面?”

她点头。“我消失的那几年，又生了一个孩子，所以不能扔下幼子自己出门。只是没想到，她竟然……竟然……”她的眼泪又扑扑地掉了下来，“我只好替我的幼子也在这里报了一个培训班，借这个机会看她一眼。”

那次的谈话终究没能继续下去，她的泪太多，多到让我不敢再提任何问题，我怕一个小小的问题，会把她所有的幸福击碎。

这之后的几天，我一直在想她最后对我说的话。她说："我知道我亏欠她很多，这种亏欠永远无法弥补。所以，我不求她能原谅我。但是，我是她的母亲，我想看着她健健康康地长大，想看她过得快乐。这样的要求不过分对不对，不过分对不对？"

换作当年，我一定会说："如若放不下，当初又为何舍得？既然选择舍得，那就必须放下。"但是现在，经历了太多的人世百态，耳闻目睹了太多的悲欢离合，我已经明白，这样的认知是肤浅的。

我们没有进入别人的世界，就不能去替别人做总结。

后来，再去朋友的咖啡厅，我总是刻意地避开那个时间段。我承认我有些害怕见到她。看着别人痛苦却无从安慰，也是一种负担。

听朋友说，那个女人还是会在每个周六准时地坐在他的咖啡厅，双眼一直望着窗外。

但是我知道，她望的不是窗外，而是她女儿的方向。

没有一个父母愿意离开自己的孩子，如果他们离开了，肯定有他们不得已的理由。做子女的，不要心怀仇恨，而要懂得感恩。

牛奶的芬芳

她叫菲菲，在读初二，是我老公病人的女儿。

因为知道我要写这本书，老公向我强烈推荐了菲菲。我老公是那种典型的"两耳不闻窗外事，一心只读圣贤书"的读书人，他的推荐瞬间引起了我的好奇。所以，我毫不犹豫地让老公出面给我们安排了一次会面。

可能因为知道我要过来，菲菲家认真布置了一番，玄关处放了一个小花瓶，插了一朵玫瑰。细看，那花瓶还是一个白兰地酒瓶。

菲菲热情地解释，说那酒瓶是她倒垃圾时看到的，觉得不错，就捡了回来。直接放着又显得有些枯燥，她就剪了一枝月季。

哦，原来是和玫瑰很相似的月季。我忍不住，又看了那花一眼。

“你一定是把月季当玫瑰了。”她咯咯地笑了起来，“我折一枝回来的时候，妈妈也问我，玫瑰多少钱一朵啊?”她学着妈妈的声音，还夸张地向前跨出一步，身子往后一挺，一副受到惊吓的样子，完了再次咯咯笑了起来。“我妈妈是很好很好的人，只是因为家里比较穷，她整天想着的就是如何节约开支，涉及钱的问题就比较敏感。所以等下她回来，如果说了一些小家子气的话，您千万不要放在心上。”

她边说边把我迎了进去。如果不是她稚嫩的脸在那摆着，我绝对不敢相信可以这么熟络地和一个陌生人打交道的，只是一个在读初二的孩子。

我决定试探一下她。

“你刚才说你妈可能会说一些小家子气的话……你有这样的想法，我能不能认为你对妈妈有一点点反感?”

她吃惊地望向我，郑重地说：“她是我的妈妈！哪有女儿讨厌妈妈的？我只是怕您因为妈妈的一些言辞太直接，而质疑她的人品。她有苦衷，本质上是很好的人。”

我寻思，难道她妈妈的话语有惊世骇俗、吓死人不偿命的本事，才需要她一再地打预防针？

虽然有了一定的心理准备，但是她妈妈到家后的一番言论，还是吓了我一跳。

因为知道她家经济比较拮据，所以过来的时候我特地带了一箱牛奶。菲菲妈妈看到我带的牛奶后，很慎重地向我确认：“这是带给我家菲菲喝的?”在得到我的肯定后，她欢快地奔到厨房打开柜子看了一下，接着口中念念有词：“盐可以多买两包，生抽一瓶小的就好了，红糖一包就成了……”

我被她的话打败，完全摸不到头脑。“这是——”

菲菲拉了拉她的妈妈，尴尬地看了我一眼，说：“每次有亲朋好友捎带牛奶过来，妈妈都会拿去楼下的便利店，换些生活用品。”

在我还没来得及反应的时候，菲菲妈妈已经拿着牛奶冲了出去。

“她一直是这样的？不等客人走了再……”我摊开手，一下子找不到某个词来形容她的这种行为。

“您觉得她很小家子气了吧，其实她是故意的。”菲菲笑着说，“她说啊，只有当着客人的面做这样的事情，才能真实地体现我家的境况，那样就能多得到一些赞助。”

“但是，一般的母亲不是都会教育孩子自强不息、自力更生的吗？”我脱口而出。说完我才发现不妥，紧接着说：“对不起，我没有其他意思，只是——”

“没事，妈妈说过，和生存比起来，这些所谓的好品质都算不得什么。”她的嘴角扬起一丝微笑，“不过啊，只要等我完成学业，有了工作后，妈妈就不用这么辛苦，不用维持一个这么不讨喜的形象了。我知道妈妈其实也不愿意是这样一个形象，她这么做是为了我。我为有这样的妈妈而自豪。”

回家的路上，我突然想到了孔夫子的话：“贤哉，回也！一箪食，一瓢饮，在陋巷。人不堪其忧，回不改其乐。贤哉，回也！”

一个人，在如此窘迫的环境下还能那样快乐，这得需要多大的勇气啊。

我想我能体味孔夫子在说这句话时的心境了。

不要让环境影响你的心情。

消失的音乐

和露露见面前，我去学校收集了一些她的资料。资料显示，她不爱学习，有群姐妹党，喜欢爆粗口，在同学中口碑不好。只有一个同学思索了老半天，才用一种不确定的口气说："她的二胡拉得好像不错。"

所以，当露露在我面前坐下后，我选择用这句话作为我的开场白——你喜欢二胡吧？听你同学说你的二胡拉得不错。

她好像没有想到我会这么说，晃动的腿瞬间静止了下来。

"小时候学过几年。我爸爸比较喜欢音乐，他常说经过音乐洗礼的灵魂是最干净的。"她得意地扬了一下眉，"我爸爸很厉害的，音乐学院毕业的，有一双玩乐器的手和一副适合唱歌的嗓子。他们当年还组建过一个小乐队，据说还小有名气。我家的电脑里现在还保留着当年他们表演时的视频呢。"

"当年？"我抓住这两个字。

"嗯。后来爸爸就不搞音乐了。"她无奈地叹了一口气，"因为音乐，爸爸和妈妈不断吵架。爸爸很少有时间顾及家庭。用妈妈的话说，空有艺术，不懂养家糊口。吵闹多了，爸爸也就无心再创作了。放弃了音乐，他也就成了俗人，工作不顺的时候就责怪妈妈扼杀了他的专长。"

"为爸爸惋惜了吧？"我笑。

"谈不上惋惜不惋惜。"她的腿再次抖了起来，"那就是爸爸的命运。自己的命运和别人有什么关系呢？但是爸爸似乎就看不明白这一点。在我的印象中，从小到大，他们两个人除了吵架还是吵架，似乎他们的婚姻就是为了吵架而凑在一起的。可以为了一个碗吵架，可以为了一块钱吵架，可以为了一句话吵架，可以为了心情不好吵架……反正只要想吵，他们就能找到吵架的理由。"

"那你有没有想过，用你的努力来宽慰他们的心呢？"我心里挣扎了一下，还是蹦出了这句话。

她扑哧笑了出来。"你的意思是让我做乖女生，笑不露齿的那种，然后整天捧着书本，不是看书做题就是读英语，可以的话，考试的时候，再拿个高分，然后爸爸笑妈妈笑，是不是？你别说，这样的傻事我真做过。我幻想用自己的懂事换回他们的和睦相处。那时我真怕，怕他们一拍两散。但是我发现，他们已经适应了这样的生活，不管我乖不乖、好不好，他们仍然会以这样的状态生活。因此，我也就少了学乖的动力。”

“但是你也没必要——”我摊开手，“变成现在的样子。我不是说你现在的状态有多不好，我只是觉得，现在的你偏离了你原本的轨迹。你也一定不想自己这个样子的，对不对？”

她摇头。“你不是我，你不懂我的处境。长期处在这种压抑的氛围里，让人喘不过气，就像一块巨石压在身上，不能求助，又无处可逃。我需要发泄，要把这种压力释放掉，否则我会疯掉。”

我看到她两只手握紧，紧紧地贴在抖动的腿上，极力地克制。

我突然变得无话可说。

离开的时候，我在一张纸片上写下了我的电话号码，告诉她我愿意做她的倾听者。

那段时间，电话铃响的时候，我就会想起她，甚至希望这个电话就是她打来的。但是没有，就像没有见过面一样，她彻底从我的世界消失了。

那是我的遗憾。

我们都知道家庭环境对孩子的发展有决定性的影响。但是，作为家长，当你的脾气失控般地发作的时候，因为琐事争吵不休的时候，有想到自己的孩子吗？

在原地旋转

这是我唯一接触过的一个智力方面有所欠缺的孩子。她看着比实际年龄矮小些，眼睛很大，脸色苍白。如果不是事先知道她的情况，仅一眼扫过去，真看不出她和其他孩子有什么不一样。但坐下后，那些不一样就很明显地表现了出来。

她对我的披肩很感兴趣，感兴趣到什么程度呢？先伸出一只手摸了一下，然后伸出两只手，反复地摩挲。如果这是一个几岁的小女孩，有这样的行为很正常，但是她已经13岁了。

我把身子往后移了一些，她的身子随着我的动作前倾了一些。

怕我不悦，她的妈妈赶紧抓住她的手，用力在她手背上拍了一下，她的眼神顿时惊慌无比，身子条件反射般地缩了回去。

“你是在她几岁时，发现孩子有些……”我停顿一下，“发育迟缓的?”

“很小的时候，一两岁。人家小孩一岁左右就开始咿呀学语，开始走路了，可是她只会笑，到两三岁才学会走路，说话更迟。但看过医生，医生查不出什么原因。”她有些愤愤不平，“所以，我坚信我的孩子是健康的，是正常的，她只是发育迟缓而已。那些认为她智力有问题的人……”估计觉得跑题了，她收起话头。

“我能单独和孩子聊聊吗?”我问。

她吃惊地看着我，犹豫再三，才站了起来。临走前对我重复，孩子怕生，孩子实在不习惯，让我终止对话就好。接着，又一再嘱咐孩子，她就在外面，没走远，阿姨是好人云云。

我微笑，没有说话。直到她离开，我才扯着我的披肩问那孩子：“你喜欢这个东西对不对?”

她羞涩地看着我，点了点头。见我在笑，她胆子又大了起来，伸手抓过披肩，衬在脸上，感受了一下。

“妈妈对你真好。”

她点头。

我以为她不会接话，谁知，她语调很慢地说："同学们会欺负我，妈妈不会。妈妈会帮我骂跑他们。"

"同学们为什么会欺负你？"

"因为我成绩不好。上课的时候我老是想妈妈，不知道老师在讲什么，老是回答不出老师提的问题。同学们就说我是傻子。"她的声音越来越小。

"没有啊，你很聪明。"我微笑。

她的眼睛瞬间亮了起来。"妈妈也那么说。"

"妈妈不在这里怕不怕？"

她微微点了点头，又摇了摇头。"你不像坏人。"

"你怎么看出来我不像坏人？"

她认真地想了老半天，说："你和妈妈一样，都说我聪明。"

我有些意外地望着她，她被我看得有些不好意思，低下头，继续把玩着我的披肩。

我们没有通知她的妈妈，不过几分钟后她的妈妈还是不安地跑到我们面前，诺诺地解释道："还是有些放心不下，怕孩子适应不了。"

我突然有些明白孩子的智力发育为什么会如此迟缓了。

临走的时候，我告诉孩子的妈妈，孩子的每句话中都会提到妈妈，只是，把妈妈当全世界真的是好事吗？

她愣愣地看着我，没有说话。

在礼品店，我看到过一种音乐盒，扭转发条，上面身穿华美礼服的小公主就会随着音乐旋转跳舞。只要你愿意，同样的音乐、同样的旋转，一天可以重复很多次。但是仅限在音乐盒内，如若小公主离开了，也就废弃了。

把孩子囚禁在这样一方安全的空间，真的是好事吗？

那一夜，我做了一个梦。梦中，那个女孩一直在原地不断旋转。

孩子终有一天会长大的，不要把他们囚禁在自己的翅膀下，那样会阻止他们成长。

大风车

刷微博的时候，接到朋友的电话，她叽里呱啦说了一大通后，我总算听明白了是什么事。她在公车上玩自拍，被旁边的一个小女生看到了，把她狠狠耻笑了一番。

“现在的小孩咋这么没有礼貌呢？我这年龄就不能自拍，不能45度角，不能玩手机了？竟然笑话我的动作老土，还说我的手机不值钱，好歹也是小两千了，好不好？虽然不是啥知名水果机，但也不至于如此不堪，达到被笑话的地步吧！”

我知道这个时候应该安慰她，最起码应该顺着她的话，责怪那个小屁孩一番。可是，这当真是孩子自身的问题吗？

我想起了一件事。

时间是上个月。我在书店找一本书，旁边有两个十五六岁的女生边看书边聊天。突然一阵优美的手机铃声传来，一个孩子掏出手机接了一个电话。而后，身边的小伙伴双目放光地叫了起来：“苹果6，你用6啊！我爸妈倒也买了6，不过他们自个用了，只把5淘汰给我了。你真幸福。”

我有些吃惊地看着说话的那个孩子，忍不住凑上去问：“幸福和用苹果几有联系吗？”

“当然有联系啊，那代表的是家长对孩子的重视程度！”她略带鄙视地看了我一眼，“你们大人啊，有的时候真的很自私自利，手机新型号出来了，自己为了显摆赶紧换了。然后人前人后地晃，自我感觉很有面子一样。我就不懂了，大人觉得这样有面子，为什么就不能让我们也有面子一下呢？大人需要面子，我们就不要面子了？大家在一个家庭混着，不是应该一视同仁的吗？这分明就是欺负我们是小孩，欺负我们没有经济来源，从而剥夺了我们的拥有权。”

我哑然失笑。“你理由充分，我听着都觉得惭愧了。你没把这些理由说给父母听听？”

她撇了下嘴。“说了，说的时机不对，正好挑了老爸打牌输了钱回来。我刚说了一半，他眼睛就瞪得溜圆了，我就是吃了熊心豹子胆，也不敢继续说了，那不是活得不耐烦，自个找抽吗？”她碰了一下他的小伙伴，“你的苹果6是咋搞到手的？传授下经验。”

“老爸给买的呀！我老爸虚荣，我告诉他班上很多同学都用苹果6，他就耐不住了，当天就给我买了一个。他觉得我再不用苹果6就是丢他脸了。”她不屑地把手机塞进裤兜，“大人很多时候也是很幼稚的。”

“呀，原来这么简单。”

她们俩叽叽喳喳地聊着，很快把我忘记了。我抱着书，呆呆地站了几分钟。

我把书店看见的事情告诉了朋友，电话那端，刚才还在愤愤不平、长篇大论的姑娘突然就沉默了。良久，她才问我：“你这是想要表达什么？”

我笑了。其实我也不知道我想表达什么，感觉好笑之余，又有一种说不清的情绪盘踞在心头，沉甸甸的。就像我刚才问她的一样，这当真是孩子自身的问题吗？

这个问题，让我闷得慌。放下电话，我努力吸了一口空气，没有用，我还是换了鞋，走了出去。

我需要沉淀一下自己的心情。

已是黄昏，暮色印染的苍穹下，一个五六岁的孩子欢快地奔跑着。

“爸爸爸爸，风车转了！风车转了！”

她的父亲站在路边，爱怜地看着她。“是呢，看到了，看到了。”

我驻足，这才看到小女孩的手里抓着一个小风车，在奔跑的过程中，哗啦啦地旋转着。我突然想到那两个孩子，当年，她们应该也抓着风车这么奔跑过吧。可是，跑着跑着，她们就把风车遗忘了。

让她们遗忘风车的不是别人，而是家里的大人。

青春期的孩子走在人生的分岔口，重视什么，做什么样的人，崇尚金钱，还是崇尚科学，这些意识很多是父母无意中灌输的。保持孩子原有的天性很重要，过度的虚荣会让孩子变得肤浅。而这些，是你乐于见到的吗？

爱是一座山

有时候，爱是一座山，不知不觉中会压得人喘不过气来。

见完木鱼后，我就有了这种想法。

木鱼是一个秀气的初一女生，因为等下就要去上舞蹈课，所以她已经换上了白色的舞蹈衣。怕凉，她又加披了一件薄外套，原本的长刘海直接梳到后面，脑后别成一个小发髻，很清爽。

“我听说你想见我？”因为时间不多，所以我直入主题。

“我快疯了。”她双手抱住头，想抓头发，但考虑到整齐的发髻，又把手放了下来。“我不知道找谁说这些话。在别人的眼里，我是无比幸福的孩子，父母恩爱，家境殷实，学习好，老师又喜欢。但是这些都是表象，我一点都不快乐。”

“为什么？不快乐的理由是什么？”我问。

“我觉得我快承受不住妈妈对我的期望了，漂亮的同学这么多，在她们中间我是那么普通，我不漂亮了，妈妈脸上就没光彩了。那样……那样她会不会不喜欢我?”她不安地咬住食指，牙齿在指尖上不停地咬着。

我敛下眉，耐心地等她调整心情。

“从我记事开始，妈妈每天都会把我打扮得漂漂亮亮的。她常常对我说，只有漂亮的女孩才招人喜欢。一开始我不以为然，但慢慢我就发现妈妈的话是对的。只要我漂漂亮亮、干干净净的，那些阿姨们都喜欢我。她们要么拍拍我的头，要么拧拧我的脸，会很宠溺、很羡慕地说，这个小孩好漂亮、好可爱。这个时候妈妈就会笑得很甜很甜。”

她再次停顿了一下。“那之后，我就一直力求自己漂亮。哪怕小朋友们玩泥巴，玩得再开心，我再羡慕，再想玩，也只会远远地看。我告诉他们我不喜欢玩泥巴，其实不是不喜欢，是怕弄脏了花裙子，自己变得不漂亮。为了漂亮，我也配合妈妈，心甘情愿地上了很多的补习班，像舞蹈啊，绘画啊，钢琴啊……妈妈说女孩学了这些才能更漂亮，才能更有气质，因为那是永恒的东西。现在这个社会就是看脸的社会，我一定要让自己一直美下去。”

她话语中流露出自信，我没有打断她。“为了保持好点的身材，我不和同学们去吃肯德基，连晚餐也只吃一点点。虽然显得很苦，但听到别人说我漂亮，说我身材好，我就觉得很值得。整个小学阶段，我一直在为漂亮而努力，我觉得自己就是幸福的白天鹅，很美很高贵。”她不安地摸了一下自己的脸，“可是后来到了初中，我发现漂亮干净的女同学那么多，她们的皮肤这么白，眼睛这么大，腰这么细，腿这么长……我原本的自信瞬间就跑了。尤其是下半学期，我的额头冒出了几颗痘痘。我现在都不敢照镜子，怕看到镜子里的自己。”

接着，短暂的沉默。突然，她像想起什么似的，再次叫了起来：

“你说妈妈会不会因为我变得不漂亮了，就不爱我了？不行，现在几点了，我跳舞不能迟到了，要是再胖了该怎么办？”

她慌乱地从座位站了起来，手忙脚乱地拉着披在身上的衣服，然后匆忙离开。

她的状态让我担忧。我跟着她到了舞蹈教室，向老师说明情况后，拿到了她妈妈的电话号码。

接到我的电话，她的妈妈很是吃惊。“我觉得情况没有你说的那么严重吧？会不会只是青春期的一个过渡，想法略微有点怪异？而且我觉得漂亮能让人自信，让她漂亮没错呀！”

两个月后，我路过那边办事，正好想起了木鱼，就去舞蹈教室看了一下。舞蹈老师对我还有一点印象，她惋惜地说：“木鱼啊，三个礼拜没来了，说是身体出了些状况，在医院，近期不会再来了。”

现在的大人都很重视孩子，但是大多认知有偏差，普遍重视的不是学习成绩，就是表面的优势，而非心理的健全发展。

心理扭曲了、阴暗了，表面再光鲜夺目，又有什么用呢？

断　掌

她的命不好，出生没多久，爸爸途经一个施工现场，被一块从天而降的钢板砸晕，没能再睁开眼睛。因为遭受白发人送黑发人的打击，不久奶奶也离开人世。

多事的人建议母亲带她去算个命。那个相士摊开她的手掌，说了两个字：断掌。

这两个字让她万劫不复。

对她疼爱有加的妈妈一夜之间变得疏离淡漠，全然不顾她的弱小与无助，把她送到乡下的外婆家。

外婆是个粗嗓门的女人，常常用粗糙的手掌抚摸她的脸，满脸心疼地说：“我可怜的孩子，我可怜的孩子。”

这句话伴着她长大，从她咿呀学语听到小学三年级。是的，小学三年级。那天是星期三，她还在教室上课，二伯突然满头大汗地出现在教室门口，告诉她外婆不行了。

外婆遭遇了车祸。弥留的最后一刻，她还在念叨：“我可怜的孩子，以后外婆不在了，可咋办呢?”

她号啕大哭。

她被妈妈接到身边。

妈妈已再婚，不大的房子加上她后显得拥挤不堪。妈妈对她的不喜变本加厉，开始责怪、谩骂她。原本就不被待见的她，生活更是凄苦。

她早上早早出门，晚上放学后，尽量晚回家。

我第一次见到她，是一个很偶然的机会。我临时接到一个电话，一个朋友要来。因为不认识路，所以我下楼来等朋友。

那时她已经15岁了，花一般的年龄，却没有花一般的精神面貌。她一个人蜷坐在楼下超市前的花坛上。在碧树和小花的映衬下，她身上脏兮兮的球鞋和带着污渍的牛仔裤醒目得可怕。

见我驻足，一个准备出门散步的大婶叹着气在我身旁站定，说：“那是一个可怜的孩子。她是前面远观小区的，是重组家庭还是什么的，反正父母很不待见她。所以啊，每天放学都不想回家。”

为了证明她说得正确，大婶八卦地跑上去，问她，是哪个小区的，几岁了，为什么不回家……我没有靠近，在不远的地方静静地注视着。朋友很快到了，我来不及细听具体的内容就回家了。

那之后，我就开始留意，果然好几次在附近的小区看到了她的身影。我准备和她聊一聊。当我提出约个时间谈谈的时候，她想了想，很慎重地问我：“时间安排在下个礼拜六可以吗？如果可以的话，地点放到肯德基好不好？”然后，她红着脸补充道：“我不会点太多东西的，一小份薯条就可以了。”

我一时哑然，随即点了点头。

她没有食言，周六和她在肯德基点餐的时候，她晃了一下手中的一瓶纯水，坚持只要一小份薯条。

坐下后，我问她：“确定一份薯条就够了？”

她点头。撕开番茄酱蘸薯条的时候，她对我笑了一下，说：“和同学来过一次，也是点了一份薯条。我觉得这里的番茄酱真好吃。”

“不想尝尝这里的汉堡或烤翅？”

她点头又摇头。“想。但是不敢。一包番茄酱就让我这么挂念了，如若吃了其他东西……人有太多的念想不好。”

我全然没有想到，一个孩子竟然可以说出这样一句富有哲理的话来。

她的故事讲得很完整。中途，她将她的手掌给我看，脸上没有大喜大悲。“我已经想明白了。命硬也罢，命薄也罢，那都是我的人生，我都应该珍惜。”

“有埋怨过妈妈迷信吗？”

“有。”她拨弄着手指，“但是这不是一朝一夕就能改变的。慢慢等吧。”

是的，有些观念得靠时间去改变。

分开前，我忍不住叮嘱，不要轻易相信别人。

她笑了。“我认识你，知道你是谁，所以才答应跟你来见面的。”她张开双臂深深地吸了一口气，“今天是我的生日，我吃到肯德基了，我很快乐。”

我却有些悲伤，不知道是因为她，还是因为她的妈妈。

不要轻易拉远您和孩子的距离，您的爱对孩子太重要了！

没有再见

“我真不知道该拿孩子怎么办了。”

三个小时的会谈中，这句话他重复了不止五次。每次提及，他总是抓着头发，一副天要塌下来的表情。

他是我认识的为数不多的高级知识分子，是名医生，有博士学位，参加过数不清的国际学术会议，每天不是在医院，就是在飞机上。

“前面的不算，这已是今年的第七个阿姨了。每一个阿姨，她都有自己的理由让她走。这个穿衣服太土气，影响她的心情。那个做饭放盐太多，影响她的食欲。再换一个，又说人家没文化，连26个英语字母的发音也读不准。”他憋屈地叫，“我和她妈妈都有自己的工作，不能一直陪着她，为了聘请一个能令她满意的阿姨，我们不知道费了多少心思。可是她呢，一心想着把她们气走。”

他喝了一口茶，愤愤地说：“上个月好不容易找到了一位阿姨，而且不是一般洗洗衣服拖拖地的那种。她大学毕业，英语六级，写一手好字，思想上也有独特见解，还学过烹饪，能做一手好菜。坦白讲，我们聘请她，价格不菲。但是为了孩子，这钱花就花了。可是，不出一个礼拜，她又把人家气跑了。她对阿姨说，现在是看脸的时代，你的整体素质还不错，就是这张脸长得太对不起观众了。还装作万分同情地对她说，还好，还有保姆这个职业，否则只能上街乞讨了。你说，这孩子怎么可以这样呢？”

“她希望你们多陪陪她吧！”我笑着说。

“不是的，她是恨我们。”他双手捂住脸，维持这个动作许久，“我妈妈身体一向不好，又有心脏病。我们是不想让她太劳累的。可是我们太忙，我妈放心不下孩子，就一直在我家陪孩子。这些年也一直好好的。可是那次不知怎么的，突然就心脏病复发了……”

他哽咽地说不出话。平复半天，他才接着说：“那天我在国外参加一个学术研讨会，我老婆也因为公司的事情在外地出差。我妈半夜心脏病发作的时候，就孩子一个人在家。她酸奶喝多了，半夜拉肚子，捂着肚子出来的时候就看到我妈倒在客厅的地上……她哭着打了120，又给我们打电话，可是……可是我们远在千里之外，再急再慌也爱莫能助……我妈妈是在她怀里过世的……她过世的时候，我和老婆都没能在她的身边。女儿一直因为这件事埋怨我们，她说既然我们这么热爱工作，那就和工作过一辈子，不要亲情了……”

他实在说不下去了，借故上了一下洗手间。回来的时候，他眼红红的。“这是我这辈子最大的遗憾，我亏欠我妈和我孩子的。藏在我心里的痛，孩子不懂。我们不放弃自己的工作照顾家庭，不是因为我们冷血，而是我们接受了这么多的教育，有我们的责任和义务。谈高尚一点是奉献，谈低俗一些，我们也有我们的梦想，我们也要为生活打拼。我们不可能说放弃就放弃的，可是孩子不明白这些，她不明白啊。”

我望着他，在他垂下头的那刻，看到他的头顶已有零星的白发。我想，每个人都会在奋斗、挣扎的过程中老去，谁也说不清这个过程得到的多，还是失去的多。

那次见面，我没能给他任何有建设性的意见，他有些失望。我想往后的很长一段时间，他还会在繁忙的工作之余，奔波于各类中介市场。

让他这么累的，不仅是这些一而再再而三的过程，还有一颗疲惫的心。

体谅与付出是双方的事情，一方的妥协，永远是没有尽头的。

宇宙的篝火

不知什么时候，山岩弯下了腰，在自己的脚下，撑起了一把伞，从此这里有了篝火。

我觉得，应该把这句诗作为这个故事的开端。

初识她，是在初夏，在地方教育频道的一个录制现场，她穿着白色T恤衫、蓝色牛仔裤，扎着马尾辫站在舞台上高声地朗诵这首诗歌。

灯光把她的脸打得很亮，我在左侧方，看到了一片阴影直接连到了她的影子上。

身边的工作人员告诉我，她叫米加，是本地重点高中的高二学生，出类拔萃，比赛经常获奖，被国外一所名牌大学看中，发了邀请函让她过去，可是她拒绝了。

“哦，为什么呀？”我好奇地问。

“具体的我不清楚，好像是和她的家庭有关。”他敲击着手里的书夹，“真不知道她的父母是咋想的，这么好的机会，换我家孩子这么厉害，砸锅卖铁也会让她去啊。”

“因为经济状况？”

他抓耳挠腮。“应该是这个吧，否则我想不到更好的理由了。”

我没有再说话。

隔了几天，我正好去他们学校有点事情，和老师闲聊的时候，突然想起这个叫米加的孩子。

老师听我问她，一愣。“你认识她？”

我摇头，把上次电视台的事情说了一下。

老师听我讲完，说：“才不是你们说的这个原因呢！”

难道还有其他的理由？

老师看着我笑了。“米加脑子好使也不是没有理由的，她出身书香门第，从她太祖父那辈起，正支旁系，出了不少文化人。她的父亲小时候成绩也是一等一的好，但考虑到经济原因，便放弃了其他志愿，填了师范大学。后来遇到她母亲，情投意合成立了家庭。结婚后因为有老丈人支持，改行做起了国际贸易。人可能都是这样的，有了这个就一直想着那个。他呀，常常对米加说，他毕生最大的梦想就是读清华北大。所以，这应该就是米加放弃的原因。”

“额，结果在期望值之上，不是更好吗？”我不解地问。

“这个就不知道了。”老师推了下眼镜，“要不我找米加过来，你自己问？”

我没有推辞。不过，我有些紧张，因为这毕竟涉及别人的隐私。

“如果不方便的话，你可以不说的，我是有些好奇，但是你没有满足我好奇的义务。”米加来后，我开门见山地说。

米加落落大方地笑。“其实也没有太重要的原因，只是因为我的小心眼。我的妈妈是名牌大学毕业的。所以在生活中，常常不自觉地流露出一种趾高气扬的感觉，和爸爸意见不统一的时候，她会直言不讳地说，就你那破大学毕业的，能有啥高见？虽然爸爸没说，但是我知道他心里是不舒坦的。如果我上了国外的名牌大学，在妈妈眼里也是她的基因好，都是她的功劳。所以我偏不，我偏要放弃，偏要上爸爸当年想上的大学。这是我目前能力挺爸爸的唯一方式。在旁人眼里，可能觉得我幼稚，但是我知道这绝不是幼稚。”

“你的爸爸真幸福。”我感叹道。

几天后，我在电视上，看到了米加的那档节目，眼眶微湿。

不知什么时候
山岩弯下了腰
在自己的脚下
撑起了一把伞
从此这里有了篝火
篝火是整个宇宙的

它噼噼啪啪地
哼唱起了两个世界
都能听懂的歌
里面一串迷人的星火
外面一条神奇的银河
獐子肉淡淡的香味
拌和着烧熟的传说
因为有一道永远敞开的门
因为有一扇无法关闭的窗
小鸟呀蝈蝈呀萤火虫呀蝙蝠呀
全都跑进屋里来了
雨丝是有声的门帘
牵动着梦中湿漉漉的思念
雪片是绣花的窗帘
挂满了洁白洁白的诗笺
石路上浅浅的脚印儿
像失落的记忆
斑斑又点点
一杆抽不尽的兰花烟
从黎明到黄昏
飘了好多好多年
假如有一天猎人再没有回来
它的篝火就要熄了

友谊，如果可以永远不松手

心与心的距离

第一次见小房子，是在渡海老人的咖啡厅。

渡海老人是本地文艺论坛的一个活跃分子，归国华侨，喜欢文字和咖啡，有其他的事业。适逢一家咖啡厅转让，他便接手下来。咖啡厅里添置了几个书柜，重新装潢了一下，倒也很得一些文艺青年的喜欢。

我每次过去的时候，总有几个小伙和姑娘沉浸在一杯咖啡和一本书中。那边的服务生告诉我，他们中很大一部分是附近一所学校的学生。被他一说，我留意了一下，果然发现很多面容都比较稚嫩。

当时我刚构思写这套书，所以对这个年龄层的孩子特有亲切感，觉得他们中的每一个都可能会出现在我的书里。因此，之后只要有时间，我就会到这家咖啡厅小坐。渡海老人通常不在，但有了他的关照，服务生总会给我留一张靠近窗户的座位。在这里，或看书，或看人，或品咖啡，不管哪一种，都是我喜欢的生活。

那天，我坐下不久，小房子就和一个男生走了进来，坐在我前面

右侧的座位。他们说话的声音很低，不知道他们在聊什么。聊着聊着，小房子猛地站起来，啪的一声把咖啡倒在了那人的脸上。

一杯咖啡泼出去，得多大的仇恨？我惊呆了。

男生愤愤地站起来，吼道："你这个疯子，不打算交往，为什么约我一起喝咖啡？"他抽了一张纸巾擦了一下脸上的咖啡渍，又说了一句"真是个疯子"，就噔噔噔几步走了出去。

小房子也想走，速度却慢了一步，被服务生挡了下来，让她埋了单再走。她说另一杯不是她喝的，所以只付一杯咖啡的钱。服务生不同意，说两个人一起来的，除非她把那人叫回来，否则就不让她走。

两个人争执着，她差点哭了。

"算我的账上吧。"我对服务生打了一个招呼，又转向小房子，"我能和你聊聊吗？"

她有些迟疑。

我递给她一张名片，又指着服务生说："这家咖啡厅的老板和我是朋友，这位先生也能证明我不是坏人。"

我重新给她点了一杯咖啡。

"刚才那人是隔壁学校的，上次全市中学生作文比赛一等奖获得者，有些小才气。原本我们是不认识的，后来听后座说那人和他是小学同学，就瞬间有了偶像就在身边的感觉。我很崇拜有才气的人。有了后座的这层关系，我便死皮赖脸地缠着后座要了那人的QQ号。可能是看书比较多的缘故，他要比同龄人有见地，说话很老成。我很喜欢和他聊天，每天总要找些时间偷偷和他聊几句。"她叹了一口气，"我们在网上聊了差不多也有四五个月了。差不多我发一个表情，他就能猜到我想说什么。我觉得这样走心的朋友真的太少了，所以就约了他见面。没想到，才气和人品是两回事。"

她淡淡地笑。"可能一开始对他的期望值太高，见面后反差太大，太让我伤心失望了，所以刚才有些冲动了。茫茫人海，想找一个真正懂自己、和自己志同道合的朋友真的太难了。”

“你说的志同道合指的是什么呢？”我问。

她一顿，若有所思地看着我。

“朋友不是另一个你，你需要的只是一个朋友，而不是你的影子。”我认真地说。

她没有再说话，一个人静静地捧着杯子，不知道在想什么，直到我站起来准备离开，她才从一个人的世界中苏醒过来。“那个……姐姐，你说，我还能再找他吗？”

我笑了。“那个就要问他了。”

朋友的相处之道，不是 1 加 1 等于 2 这样的简单运算。每个人都有自己的优点和缺点，能不能把友谊持续下去，取决于你看到他的缺点多，还是优点多。或者说，你的性格能不能包容他的缺点。

不要勉强自己的心，因为友谊不需要勉强。

左手右手

见小眉之前，她给我打过一个电话。电话中，她说她的好朋友背叛了她，不过她并没有书中或偶像剧里出现的那种难过和忧伤。就像剪去了一头浓密的头发一样，有轻度的不适，但照镜子看到适合她脸型的发型的时候，也就释怀了。

讲述这件事的时候，她的语气很淡，像在说“今天的气温是 25℃”一样，没有一点波折。

我不知道她所谓的“背叛”指的是什么，但是既然给定性成“背叛”，貌似有一点情绪波动才比较合适，毕竟她只是一个 14 岁的孩子，她如此的淡然反而让我有些担心。

“要不我们见面聊？”我试探地问。

45 分钟后，我和她坐到了一个甜品店。

小眉是个圆脸的姑娘，说话语速有些快，却不会给人压迫感。

“我对友谊的认知比较淡。小的时候，我常常被妈妈反锁在家里，一个人搭搭积木玩玩水，沉寂在自己的世界里倒也自得其乐。这样的习惯持续到上学也没有改变。有同学陪我一起玩挺好，没同学陪我一起玩也不错。豆豆是我的初中同学，之前也没有深交，后来高中考到了一个学校，又凑巧分到了一个班，便比其他的同学走得要近一些，平时借抄一下笔记，或者一起吃饭。”

我点头，表示理解。

“我们的关系就以这样的模式存在着，在别人眼里我们是朋友，我也就理所当然地把她当成了我的朋友。”她笑了一下，“上个月末，她的同桌突然申请寄宿了。她跑来对我说，同桌之前没有寄宿过，有很多不懂的地方，她有义务照顾同桌一下，所以以后不能和我一起吃饭了。”

“不能三个人一起吗？”我疑惑地问。

“我也问了，她说同桌不喜欢和不熟悉的人一起吃饭。”她拨动着自己的手指，“我想了想，就同意了。”

“现在你一个人吃饭？”我问。

“没有，我也有同桌。她邀请我一起吃饭，我就同意了。”她望向我，“按说遇到这样的事情我应该会伤心才对，但是为什么我会无动于衷呢？同桌说我朋友这么翻脸无情，迟早也会和她同桌闹掰。她那么说可能是出于安慰我的目的，但说实话，我对她们的结局完全不感兴趣。倒不是说我如何宽宏大量，我只是把友谊看得比较淡。”

“没有什么不适的地方吗？”

“没有太多不适，只是有时吃饭的时候会错叫她的名字，对着同桌唤她的名字。这个时候就有一种说不清的滋味，一部分是对她的，还有一部分是对同桌的。”她鼓起嘴，轻轻吹了一口气。

我笑了起来，认真地看着她。“你不是淡漠的人，你怕受伤，也不习惯把伤口晾晒给别人看，所以学会了伪装。”

“没有吧。”她笑着，露出一个浅浅的酒窝。

我没有强迫她承认，只是学着她的模样，轻轻地笑。

分开后没多久，她给我发了一条短信，说依赖上一个人是很可怕的事情，所以努力适应另一个人，或许这就是我说的伪装。

我懂她，从本质上讲，我也是这样的人。

再理性的人也是感性的生物，唯一的区别是，有些人愿意把这份感性表露出来，有些人却选择把感性掩藏。说白了，友谊也是一种习惯，和朋友相处久了，也就是左手和右手的关系，哪有失去其中一个而不忧伤的道理？

友谊不是单选题，没有必要选择 A 就放弃 B。你看不见别人忧伤，并不代表别人没有忧伤，可能只是忧伤的方式不同罢了。

背后的真相

“朋友不是用来两肋插刀的，而是用来背后捅刀的。”这句话她对我说了不下三次。她就是这个捅刀者。

她和希禾住在同一个小区，在同一个医院出生，前后仅相差三个小时。两人的爸爸又是同学，因此自小来往甚密。因为大希禾三个小时，她总是以姐姐自居。上幼儿园的时候，她在所有的小朋友面前说希禾是她的妹妹，谁也不准欺负希禾，否则她誓不罢休。

因为“誓不罢休”这个词，这件事成为老师们的笑谈。初二在超市遇到幼儿园老师的时候，老师还笑着重复这段往事，询问她希禾学习怎样，两个人有没有可能上同一所高中。

她笑着说："同学们常说我和希禾是连体婴儿，除非有把大刀子把我们两个人劈开，否则我们是绝对不会分开的。"

一开始她也是这么想的。可是从初二下学期开始，她明显感到了希禾的不同。希禾的话少了，网名改成了"小猪的小猪"，还把手机偷偷带到学校，即便上个厕所也要偷偷摸出来发两条信息。

在她一再追问之下，希禾才说她和一个网名叫"小猪"的男生网恋了。秘密一打开，希禾的话又多了起来，但话题几乎都围绕着小猪。小猪的发型理残了，可怪异了。小猪的签名又改掉了，竟然改成了"被一个丑女人盯上了"。希禾也要改，改成讨厌的丑男人。希禾给她看小猪的照片，不停地讲小猪小猪。

这样的希禾是她不了解的。她急了，对希禾说，网恋是不对的，必须尽快结束。

"希禾不听我的劝告，沉迷于此，成绩因此一落千丈。老师很着急，找希禾谈话，想找出她退步的原因。可是她就是闭口不言。我实在看不下去了，就草率地做了一件事。"

"你找了老师，告诉了他希禾在网恋？"我问。

她摇头。"一开始我是想找老师的，但是，如果这事惊动了老师，希禾的秘密势必就会浮出水面。她的爸爸又不是好脾气的人，知道这事肯定不会善罢甘休，一定会严惩她的。所以，我想了一个自以为最妥善的办法：我用小号加了小猪为网友。我的设想很简单，用小号追求他，只要他上钩，我就可以向希禾公布真相，让她知道网恋不靠谱。"

我满脸黑线。"这方法不太妥当吧。"

她无奈地笑。"又没有谁可以商量，一个人想的时候，觉得很可行。"她咬了一下牙，"我在网络上收集了几张漂亮女生的照片发给他，他的言语果然暧昧了起来。但因为我和小猪还没有到网恋的地步，所以我依旧保持着沉默，没有及时把我的发现告诉希禾。没想到那天，我在厕所偷偷给小猪发信息的时候，老师正好也来上厕所，我被逮了一个正着，和小猪的聊天内容也被曝光了。我现在还记得希禾的表情，就像受伤的小鹿，满眼的难以置信。我想和她解释，但是突然发现无从解释。”

我静静地听着，没有插嘴。

“她责问我：朋友不是用来两肋插刀的吗？为什么要做背后捅刀的事？为什么要偷偷喜欢小猪，抢走她美好的初恋？我无言以对。”她的手肘撑在桌面上，五指分开，慢慢地合在一起，“幸运的是，通过那件事，希禾看到了网恋很不可靠，重新投入到学业中。那是我最愿意看到的结果。只是我却成了友谊的背叛者。现在啊，即便对面遇上，她看都不看我一眼。”

“你后悔吗？”我问。

“谈不上后悔不后悔，但是如果时间可以倒回去的话，我想我应该不会再鲁莽行事。就算一定要选择这个方式，我也一定会在第一时间告诉希禾。现在我这样做，的确也伤害了希禾。”

“有想过希禾会原谅你吗？”

“太难了。就算原谅了，也回不到过去了。”她看着自己的手，“在她的眼里，我就是背后捅刀的人，她凭什么会再信任我呢？”

“至少，你在背后默默地纠正了希禾的人生轨迹，虽然她不知道，但你对她还是有恩的。”我发现除了这个，我没有其他安慰的话。

我们总想为朋友做很多的事情，竭尽全力，总以为这样才不辜负这场友谊，但是我们做的却不一定是这段友谊能负荷的。就像天气一样，明明只想过滤一下空气，结果却变成了暴雨；明明只想轻柔地问候，结果却是高温难敌。

结果远在我们控制之外，做的时候问心无愧便可。

水杯里的柠檬

老周最近反常得不得了。以前进了办公室，他总会先讲一个笑话，可是最近，他全然没有了讲笑话的心情，要么沉默不语，要么唉声叹气。

“老周这是怎么了？”我偷偷问和老周交好的一个同事。

“还不是为了他女儿啊！”他压低声音，“以前那么温顺的孩子，真想不到叛逆起来比男孩还厉害。”

正好老周过来安排一个小工作，这个话题便没有再继续下去。没想到一会儿，老周就接到了学校的电话，说女儿准备离校出走，幸好一个同学把这个消息告诉了班主任，现在老师在车站截住了她。

晚上，老周给我打电话，寒暄了一大堆，才导入正题，想让我去开导开导他的女儿。

以这种方式出场是我不太喜欢的。因为我是在事情闹得最激烈的时候，由他老爸邀请过去当说客的，所以她必定认为我和她老爸是一伙的。这无疑就把我推到了她的对立面，所以我并不看好这次的会谈。但实在又不好驳老周的面子，只好赶了过去。

不出意料，我过去后，老周的女儿璐璐第一时间冲回了自己的房间，任由老周夫妇站在她门口再三做着思想工作，她就是不吱声，也不开门。两口子无奈，尴尬地踱回客厅，招呼我说：“丫头还在生气，你先坐会。”

我假装没看到他们的不自然，端着茶杯喝了一口，问道：“孩子究竟咋了？”

老周无奈地叹了一口气。他的夫人开口说：“小孩子长大了，就有了自己的想法了。不知什么时候，她加了一个驴友群，听群里的人神吹天南地北的事儿特感兴趣。上个月，她对我说，马上就要暑假了，这个暑假什么班都不用报了，她想出去转一圈。我们家璐璐你也知道的，平时的兴趣班就挺多的，假期就更多了，也的确没太多的时间出去转转。她既然有心休息一下，我也就没反对。我就问她准备 7 月份去还是 8 月份去，我和老周也可以安排一下时间。当然了，另一个目的还是不想她完全放弃兴趣班，时间调整一下，还是可以报两个兴趣班的。谁知她听了我的话，竟然说不是和我们一起去，她要和驴友群里的小伙伴一起去。这样又省钱，又冒险，又有趣。”

她抹了一把眼泪。“你说，一个小姑娘和一群不认识的人去那些危险的地方，做父母的怎么可能放心？我们肯定是坚决反对的。原本挺听话的孩子，这次不知道为什么这么执拗。因为我们不同意，先是绝食。绝了两天，自己受不了了，结束了。接着，又开始罢学，不是口头上说说的那种，而是真的窝在家里，不看书不做作业的。我们实在没有办法，就给她的老师打了电话，老师说了她几次，她都没反应。后来老师亲自过来找她谈话，才总算答应去学校了。可是每天回来都阴着一张脸，直接忽视我们。我们以为孩子只是一时还没从那件事里走出来，虽然焦虑，但也没考虑到会有更严重的后果，没想到她竟然想离家出走。”

老周气呼呼地叫：“都是这个驴友群惹的祸，如果没有这群人的教唆，璐璐怎么会这么做？我现在就去搜索这个群，要举报这个群。”

可能是他的分贝太高，或者他的话题太敏感，璐璐的房门猛地打开：“你们怎么老是这样自私自利？从来都不顾及我的感受？从小到大，我一直是乖乖女，一直很听你们的话。你们说报什么兴趣班我就上什么兴趣班，你们说这个人不好，要疏远，我就疏远。可是我也是人，也有自己的想法和自己的感受。为什么你们一定要摆着一副大善人的面孔，来阻止我做自己喜欢的事情呢？”

“你还小，还不知道世事险恶，我们是你的父母，我们还会害你吗？”老周吼道。

“瞧，又来了，又来了。你们这样做遵从了我的意愿吗？我是你们的女儿，不是你们口袋里的东西。你们不要随意地替我拿主意。”她也吼了起来。

我阻止了他们。

我让老周的夫人泡了一杯柠檬水。

“璐璐之前的生活就像白开水，而那个驴友群更像新鲜的柠檬片，水遇上柠檬片就是另一番味道。这就是朋友的作用。但是，任何时候，都不要忘了我们当前的主要身份是什么。璐璐的主要身份还是学生，旅游可以有，但只是一两片柠檬片的剂量，在水杯里放整个柠檬的估计只有火星人。至于老周——”我望向他，“你犯的最大的错误是你的眼里只有女儿，而忽视了女儿的眼里除了你，还有另一片天空。”

璐璐痛哭。

其实我并不想触痛孩子，但是疼痛可以让她以最快的速度明白更多的道理。每个朋友都有每个朋友的特色，我们可以欣赏他们的特色，却不能忘记自己是谁，忘记自己要做什么事。

那是另一种形式的成长。

盛开在指尖的仙人掌

付珊珊，女，17岁，高二学生。

“她是一个比较古怪的人。”

“付珊珊？她啊，和其他同学有些不同。”

我询问了10位同学对她的印象，3个人用了“古怪”，2个人用了“不同”。

我一直信奉的是，对待不同的人，要采取不同的询问方式。所以坐下后我的第一句话就是：同学们对你的印象总结下来，最突出的一个词是“古怪”。

我盯着她的脸，希望从她脸上看出些什么，但是有些意外，她的左手落在右胳膊上，轻轻拍了两下，并没有太多的表情变化。“请问古怪是褒义词吗？应该没有人把贬义词用得这么如鱼得水的吧？”

果然是个古怪的人，明明是不友好地试探，她却轻轻松松地用幽默把难题化解了。我奇怪的是，这样的人不是应该更受同学欢迎吗？为什么偏偏给人留下很难相处的印象呢？

我想起一个同学提到的一件事。

那时刚进高中，新环境嘛，大家都很兴奋。晚上宿舍熄灯后，总会偷偷聊一会。这本无可厚非，可是有付珊珊的宿舍是不存在这个特权的，熄灯后谁说话，她肯定会板着脸吼：“都熄灯了还讲什么讲，你不想睡觉，别人还想睡觉呢！”

因为这个，开学差不多一个月了，她还没有朋友。

最后，还是她的上铺考虑到上下铺关系，才主动和她成了朋友。但这份友谊也如履薄冰，上铺在她床铺上坐一下，必须注意和床单的接触面积不能超过三分之一，坐太多了付珊珊就会叫：“你屁股这么大，把我床单搞脏了，你替我洗啊。”

看着眼前的女孩，我很难想象这么尖锐的话是从她嘴里说出来的。我忍不住求证。

“的确是我说的。”她爽快地承认，“熄灯后不能讲话既然是制度，当然得严格执行。至于上铺坐我的床铺，也不是我给自己找借口，我只是有轻度的洁癖。我真的很不喜欢别人多接触我的东西，挨着床沿坐一点点，已是我能接受的极限了。”

“但是你有没有想过，可能会因为这些细节，别人不太喜欢你?”我努力地在脑海里搜刮着比较妥当的用词。

“不喜欢我才对。”她用右手撑着下巴，“初中的时候，我有过一个好朋友，脾气很好，能最大限度地包容我这种怪胎。我的人缘很不好，经常无意中得罪人。所以到了初三，可以骑车去学校的时候，有人就把我自行车的气放了。经过两三次这种事情后，我就果断地不骑车了，办张公交卡，天天挤公交。我聪明地逃脱了魔爪，她却没有那么幸运，三天两头遇到这样的事。一开始我还陪她在修车铺借个气筒打气，但次数一多，想想就不对了。就她那慢条斯理的老好人性格，怎么可能会得罪别人呢？这分明就是冲我来的呀！我就放气这件事，把她骂了一顿，说我怎么会和这么蠢的人做朋友呢？被人放了几次气了，都找不到是谁下的手。反正什么难听我就说什么，最后都把她骂哭了。那之后，她就慢慢和我疏远了。”

她的手放了下来，换了一个姿势。“我知道那次我的话肯定很伤她的心，毕业的时候，要好的同学都在一起合影，她没有找我一起拍照片。不过怎么讲呢，也算值吧，反正我和她闹掰后，她的车胎便没在学校出过状况。”她晃了一下手指，“我是不适合交朋友的人，太容易得罪人，和我做了朋友就容易被我拉下水成为人民公敌。现在我这样，一个人偶尔嚣张跋扈一下也挺好的。”

“明明有一颗善良的心，为什么一定要摆出一副凶神恶煞的面孔呢?”我问。

“天性吧。我觉得吧，我的手指上长着仙人掌，太容易刺伤别人了。”

手指上盛开的仙人掌，在轻易刺痛别人的同时，也在伤害自己。

我常说，没有深入了解一个人是没有发言权的。其实很多时候，大部分人自己也不够了解自己。明明就是渴望友谊的年龄，却一定要摆出一副带刺的模样，这样的自己真的快乐吗？

每个人都有缺点，我们不能因为自身有缺点就否认自己，或许别人就是因为看到我们缺点之外的优点，才愿意和我们靠拢的，为什么不尝试用友谊来更好地展示我们的优点呢？

这些话我对付珊珊说了。后来，我听说，上铺现在不用提心吊胆地坐她的床铺了。

借来的掌声

认识小蓝是在某个写作群中。这样的写作群太多，小蓝又不是太喜欢发言的人，所以，一开始我们并不熟悉。有一次，一个杂志的编辑突然心血来潮，张罗着来一节写作提高课，她才慢悠悠地从水下浮出水面。“上课，上什么课？”

她出来了，编辑却因为有事走了。大家的聊天激情被激发出来了，再潜回去写作自是不可能了，就在群里边说编辑的坏话边胡扯。扯着扯着，就有人开了一个主题，讲讲自己当初是怎么走上写作之路的。

有人说当年的同桌作文比赛获奖后，很拽，于是自己不服气，偷偷发誓一定要看很多书，写很多书；有人说看了三毛的小说，喜欢三毛，喜欢她的文字，慢慢也就喜欢上文字这东西了；有人说失恋后很痛苦，开始写日记，才发现自己很有文字天赋，然后就“误入歧途”，成了码字机器……

大家说得正欢的时候，小蓝小心翼翼地打了一行字：我可以讲讲我的故事吗？

当然，没人会拒绝这样一个人。

小蓝走上文学路，会让很多之前熟悉她的人大跌眼镜。高二之前，她一直是个很惧怕写作文的人。她常常会莫名地纠结用哪个词或为完善某个句子绞尽脑汁。最后的结果是，文字虽华丽，主题却凌乱不堪。老师对她的作文评价总是不高，有时还会气恼地问她："你是在写作文还是在写诗歌?"

那一次，又一篇这样的作文出炉后，老师气得直接把作文本甩了出去。"我要的是800字的一般学生作文，不是800字的诗歌。你能不能少点辞藻堆砌，来点实质性的东西?"

小蓝被老师打击得不轻，对作文越发没有信心，更加害怕写作文了。接下来的作文课，所有同学都写完了，她还干坐在那里无从下手。语文老师又是大纲又是首尾呼应地为她开了一通小灶，到了她那里，却只有几行干巴巴的文字。

语文老师很生气，直接到班主任那里告状。中午休息的时候，小蓝就被班主任叫了过去，接着是一顿语重心长的谈话。回到教室后，她委屈得不行，哭得稀里哗啦。一直交好的同桌替她擦泪，不断安慰，但收效甚微。眼看还有几分钟就要上课了，不知怎么的，同桌突然撇下她跑了出去。回来的时候，上课铃已经响了。

那天下午的第一节课是地理课，课堂内容结束得比较早，老师就和同学闲聊，聊着聊着就走到了小蓝那边，随手翻起了作文本。翻了几页，老师猛地叫了起来，说这作文写得好，还绘声绘色地读了一篇。

全班掌声如雷。这场景把小蓝吓到了。

"当时我就想，原来我的作文也不是一无是处，原来也有人喜欢呀！而后就有了信心，再加上虚心地看书学习，进步神速。"小蓝缓缓地打着字，"后来我才知道，地理老师的这番夸奖是我的同桌替我争取来的。地理老师也为这个唏嘘了很久，说随口的一句话竟然成就了一个作家。"

是的，我写这个故事的时候，小蓝已经是个小有名气的作家了，她的第一本长篇小说即将出版，写的很多散文、随笔也被多次转载，有些还入选了中学生试卷。清晰的线索，优美的词语，水到渠成的描写，成了她固有的风格。对于这些成绩，她并没有得意忘形，相反，她一直很低调。她说真不知道如果没有那片掌声，她是不是还有机会品味文字的美好。

友谊并不全都是两肋插刀，有的时候，一句简单的鼓励就能让朋友重拾信心。我想，我们每个人都可以成为这样的有心人。

一座桥

蝶衣和大雄的矛盾是莫名其妙结下的。

蝶衣和同桌在学校的食堂吃饭，食堂的蚂蚁上树做得很不错，肉末放得不少，同桌吃得很过瘾，夹了一筷又一筷。这时，蝶衣正在和同桌聊大雄，眼见着同桌又夹起一筷往嘴里送的时候，蝶衣眼尖地瞥见同学的筷头挑起的粉丝里，有个黑漆漆的小东西躲在里面，凑近一看竟然是只死苍蝇。蝶衣也忘了刚才正要和同桌聊大雄什么了，嘴里的话直接变成了：“大雄——大苍蝇!”

事情就这么巧，大雄正好走到蝶衣的身后，之前发生的事情他都不知道，只知道蝶衣说他是大苍蝇。

正是年少轻狂的年纪，更何况大雄白白净净，很有才华，深得老师器重。被别人说苍蝇还是开天辟地头一遭，大雄怎么想都觉得像吞了苍蝇般难受。蝶衣也不觉得自己理亏，原本就不是在说他，犯不着多解释。这梁子就这么结下了。

此后，大雄往东，蝶衣绝对往西。蝶衣做班会的女主持，大雄肯定不接任男主持。有时蝶衣遇到什么不会做的难题，本能地想问大雄，可是人都转过去了，一想到两个人的现状，又乖乖转回去了。有时大雄遇到有趣的事情想找蝶衣分享，但一想到大苍蝇，嘴又合拢了。

别人倒也没有发现他俩有什么不对，但身为主角的两个人却深知其中的缘由，只是都心照不宣地保持沉默。后来，老师重新安排座位，一下为两个人的疏远找了一个更好的理由。

原本以为可以没有交集了，可是有一天蝶衣从图书馆出来，被学校几个不爱学习的男生拦住，缠着要她的 QQ 号和手机号，蝶衣不想与这样的同学有太多纠葛，可只身一人不敢直接拒绝，只盼望有个英雄可以从天而降。

大雄来了，但是彼时的大雄已经不是她的英雄。他隔着几个人望了她一眼，就抱着书进图书馆去了。

蝶衣有种莫名的委屈和愤慨，她咬着牙，在纸上写下了自己的号码，向其中的一个同学递了过去。在那个同学放肆的笑声中，她疾步走了出去。她没有看到，大雄不知什么时候又从图书馆出来了，一脸肃穆地站在那里。

两个人的友谊到那天正式宣告结束。

蝶衣和我讲这个故事的时候，她已经上了大学。“上了大学后，我才断断续续地从同学那里知道了我和大雄之间的一些误会，但是时间过去太久，误会太深，同学聚会遇到的时候，两个人已经不知道如何交谈了。我知道我和他再也回不到过去了。”她抿了抿嘴唇，“我和他初中是同学，高中是同学，一起讨论过很多难题，分享过很多秘密。可是这些竟然因为心高气傲生生给切断了。那是我高中时期最大的遗憾了，到现在我都有些后悔，当时解释一下有这么难吗？他也好，我也罢，只要有一个人愿意解释一下，我们的友谊就不会中断了。”

我静静地听着，自始至终没有说话。

很多时候，朋友之间明明没有什么大问题，就因为一时误会或置气，都坚决不愿意先退一步，到最后，恐怕连自己都不知道自己在固守什么了。

隔着河的人，不过桥，就只能遥遥相望。与珍贵的友谊比较起来，谁先迈过桥去，真的不重要。这不是委曲求全，而是懂得珍惜。

如果没有如果

如果那天陌陌没有去海边，那么她就不会知道学校里还有一个叫小蜻蜓的女生；如果那天陌陌没有说那席话，那么她们还是最好的朋友。人和人之间总会因为某些缘分相遇，又会因为某些缘由离开。

只是，如果一开始就知道会分开，那么要不要选择不要相识？

陌陌问我这个问题的时候，是在一个杂志的读者群中。

最初进这个群是受这个杂志的主编所托，一方面他想了解那些读者喜欢什么风格的作品，却苦于没时间打理，便把我动员了进来。另一方面，他想为我开一个专栏，所以想让我和读者率先有个互动。

那天正好闲来无事，我便在群里当起知心姐姐来，回答读者提出的问题。在回答了几个类似怎么挑苹果、炒西红柿鸡蛋放多少盐，以及能不能在公共场所吃榴莲的问题之后，陌陌冒出来抛出了这个问题。

因为不知道故事的缘由，我只好很官方地回答，过程永远比结局重要。倒是一群小屁孩就这个话题聊得热闹，陌陌没有再说话，沉静了一会，她给我开了一个私窗：姐姐，我能和你私聊一件事情吗？

陌陌用了很长的一段时间缅怀了她和小蜻蜓的友谊。

她们两个是在上海奉贤的碧海金沙认识的。夏天，最能消暑的地方除了山上就是海边。去奉贤还算方便，陌陌就在一个高温天气随着父母一起去那边的海边玩了。泡在水里无所事事的时候，她听到有人叫她的名字。陌陌好奇地回过头，就看到了小蜻蜓。

陌陌在学校里是风云人物，经常上光荣榜，学校里认识她的人很多。若是在学校，她断然没有这么好的耐心和一个自己不认识的人多交流。可是这里虽然谈不上很遥远，但怎么说也是身处异乡了，偏巧又是在自己无聊的时候，见到了一个学校的同学，自然是很高兴的事情。

双方家长见俩孩子这么投缘，就把午饭和晚饭安排在一起吃了。通过一天时间的相处，两个人感情升华得很快，从陌生人直接升级为好朋友。回到家后，两个人还抓着暑假的尾巴，一起看了一场电影，巩固了这段友情。

因为有了这层关系，不在一个班级也不是什么大问题了，中午下课后小蜻蜓总会主动来找陌陌一起吃饭。女孩子们在一起吃饭肯定要说些什么话题的，陌陌和小蜻蜓自然也不例外。不在同一个班级，新闻的覆盖面更广，两个人总有聊不完的话题，很让同学们羡慕。

那时，有个男生喜欢小蜻蜓。他总会寻找时机来到小蜻蜓的面前，不小心碰一下然后说声对不起，或是问件完全可以不问的小事。陌陌发现了端倪，便问小蜻蜓有没有发现那男生有些反常，小蜻蜓淡淡一笑，说："这种档次的算什么，班上有好几个男生喜欢我。"

那样的话让陌陌很不舒服。陌陌是个成绩很好的女生，但是长得很一般，别说男生的小纸条了，就是略有好感的表示都没见到过。她觉得小蜻蜓说这样的话有炫耀的成分，或许是为了刺激她。那之后，她和小蜻蜓就有了隔阂，虽然仍在一起吃饭，但是话越来越少，表情越来越淡漠。

那天，那个喜欢小蜻蜓的男生又跑过来献殷勤，在小蜻蜓的指使下，又是买水，又是擦桌子。陌陌实在受不了他这种卑微的样子，淡淡地说："喜欢小蜻蜓的男生这么多，你这样把自尊践踏到脚底下有意思吗?"

男生的脸一时煞白，扔下擦了一半的桌子就走了。

小蜻蜓自然也不满意她的说法，一起吃完这顿饭也就不再出现了。

“为这句话后悔了?”我敲了一行字。

“或许一开始就不应该相识吧。”她发了一个撇嘴的表情。看似很不屑，不过我知道她还是难过了。

我不想否认她俩的友谊，但是，并不是所有的友谊都会天长地久。友谊就像火和水，即便开始得再热烈，结局却逃不出两种宿命：要么火沸腾了水，水越来越少；要么水灭了火，最终不见。

那不是友谊本身出了什么问题，而是当事人性格所致。

恍若星辰

安安的宿舍在三楼，右侧靠边。为了整体楼层的美观，阳台挑出去一块，做了一个小转角。

安安很喜欢这个小转角，每次晚课结束，她都会抱着一杯茶，在那边小站一会，吹吹风，看看星辰，享受一下大自然的美好。偶尔她也会和同学在这聊聊天，很是放松。

这天是一个和平常一般无二的日子，安安端着茶杯站在那里和同学聊天，突然宿舍里的电话响了，身后的一个同学急于冲进去，不小心碰到了她，茶杯差点脱手。幸好安安反应还算快，紧要关头愣是抱住了茶杯。安安着实吓出了一身冷汗，这茶杯要是从楼上飞下去，真不知道会发生什么事呢!

她的心还没有放回去，楼下就一片嘈杂，伴着一声尖叫，一个声音传了过来：“上面谁这么没有公德心，向外倒水?”

敢情是刚才抱住了茶杯，却没能留住茶杯里的水，正好有人走过，被水浇到了。

虽说是意外，但毕竟犯了错，安安自然没有这个胆量承认，趁着夜黑风高，赶紧溜回了宿舍。两分钟后，一个女生站到了她们的宿舍门口，大声嚷嚷："我看到倒水的人进来了，是谁，站出来。"

说话的人半边衣服湿了，一小撮头发滴着水。她虽看起来狼狈，但气势还是很逼人。也是，作为五班的班长、学校学生会主席、校报主编，她杨阳的确有这样的气魄。

安安一眼就认出了她，于是手忙脚乱地把纸巾递给她，又是道歉又是解释。好在杨阳也不是太斤斤计较的人，听了她的解释，抽了几张纸巾擦了几下，也就相安无事了。

很久以后，安安还记得杨阳当时说的一句话："敢情你还是我的救命恩人，要不是你抱住了你的茶杯，我就不是被泼水这么简单了。"

在当时的场景下还能如此说笑，杨阳的度量就可知一二。

安安被这句玩笑折服了，那之后，她就把杨阳看成了自己的偶像，整天寻思着如何可以和杨阳走得更近些。

但是，杨阳似乎并没有把这件事太放在心上，更别说这件事的始作俑者了。两人遇到的时候，偶尔她也会点头，但表情却是疏离的。

这样的结局，安安终归有些不甘。

她几番打听，好不容易打听到杨阳的生日，便兴高采烈地准备了礼物，想着水泼了人家还没有道歉，便觉得这礼物轻了些，又重新购置了一份。可是，当礼物送到杨阳手里的时候，杨阳莫名其妙地看着她，说："今天不是我的生日呀！"但安安总归是捧着礼物过去的，杨阳还是客气地请她吃了一份冰激凌。

因为这份冰激凌，安安的胃有好几天不舒服。不过，她还是觉得只有朋友才会在一起吃冰激凌，在这个认知的暗示下，她觉得很值很快乐。

那之后，两个人再遇到的时候，不再是简单地点点头笑笑，而是会有些很实质的交流，比如问一句："你们下节什么课？"安安身边的小伙伴很是惊讶；"你和杨阳啥时变得这么熟了？"

回忆起那段时光，安安说："那时听到这样的话可高兴了，觉得和校园名人走得那么近，近得几乎已经是朋友了。现在回想起来觉得还是蛮可笑的，我和她连最基本的交流也没有，真不知道自己哪来的自信呀！"

高中毕业的时候，安安捧着留言本去找杨阳写留言，杨阳没有推辞，洋洋洒洒地在她的本子上写了几个字，完了问她："你叫什么名字？我忘了你叫什么名字了。"

安安引以为傲的一段友谊就这样凋谢了。

朋友不是单方面的仰慕，而是心与心的交流。缺乏了交流，友谊就变了味。朋友也是平等的，没有谁比谁更重要，没有谁是谁的附属。如果不能走近，不妨远观，就像仰望星空一样。有些人注定和自己没有交集，又何必把自己强拉入戏呢？

那年夏天

女生的友谊，很多时候都是从一个秘密开始的。

苏晓彤一开始并没有想探知宋小璐的秘密。事情有些凑巧，苏晓彤要到门卫室邮寄一张卡片，回来途经实验楼的时候，正巧瞥见实验楼后的花坛里，粉色的杜鹃花开得正茂，她忍不住走过去，嗅了一下气味。

抬头的时候，她就看到宋小璐和一个男生在距离她十多米的花树后看着她。

高中是禁止早恋的。

苏晓彤来不及揣测他们到底是在幽会还是在表白，或者只是单纯偶遇，就慌忙地逃离了现场。

反倒是作为当事人的宋小璐隔了 5 分钟后，才迈着不紧不慢的步子向她走了过来。

“那个是高二（六）班的，初中和我一个学校，据他说从初中开始就注意我了。到了高中后，他给我递过几次小纸条，都被我退了回去。上个月我过生日，不知他是怎么知道的，亲手编了一个大风铃给我。”她的眉笑得弯弯的，“好大个，很漂亮。据他一个宿舍的同学说，这是他晚上上完晚自习后偷偷编的，期间还被老师发现过一次，老师当时很生气，问他做这个干什么。他说这只是一个小念想，就像蚂蚁想储备一颗米粒一样。老师被他打的比方逗乐了，就没再追究。这事就你知道，宿舍的同学都以为那风铃是我一个玩得好的女同学送我的，你一定得保密哦。”

听宋小璐这么一说，苏晓彤的心里就有谱了，原本她也不是多话的人，这下更是把嘴闭得紧紧的。这一下，宋小璐就视她为知己了。那些不敢找人分享的甜蜜蜜的故事，到了苏晓彤面前就像泛滥的黄河，不由自主地倾倒出来。两个人的关系迅速升温，苏晓彤的同桌为此吃惊不小张大嘴巴问：“你和那小狐狸咋跑得这么近了？中邪了不成？”

苏晓彤有些反感同桌对宋小璐略带讽刺的称呼，暗想人家不就是比较漂亮嘛，自己没这么漂亮，也犯不着诋毁人家啊！她自然不会告诉同桌宋小璐的秘密，反而和宋小璐越走越近。

“他约我这个礼拜一起去书店，你要不要也一起？”

“这个就算了吧。”苏晓彤拒绝，做大灯泡多没品啊。

“没关系的啦，你是我的好朋友嘛，而且，还需要你到我家来约我打掩护呢。”宋小璐抱着她的胳膊摇晃着撒娇，“你最好了嘛。”

苏晓彤的确是最好的，口风紧，性情稳重，相貌又一般，不会抢了宋小璐的风头。可是，有一天不知怎么的，宋小璐在早恋的消息传遍了整个校园。也该苏晓彤倒霉，班主任来教室突击检查的时候，苏晓彤正拿着宋小璐写给那男生的小纸条，她还没来得及送出去。

班主任眼睑微缩，一股肃杀之意。“苏晓彤，你说说这是怎么回事？”

那时马上就要放暑假了。苏晓彤想，只要挨过这几日就过去了。这边的苏晓彤还在为友谊做最后的坚守，那边的宋小璐却扛不住这股压力，像倒豆子一样把所有的情节一股脑地都倒了出来。

班主任看着一脸坚持的苏晓彤，把宋小璐的检讨书扔了过去。回到教室，宋小璐又鄙视地看着她，认定是她一早泄露了她的秘密，才导致了今天这样的结果。

友谊是经不起猜忌的，经过这一番闹腾，当初的友谊再美好也销声匿迹了。倒是苏晓彤并不太瞧得上的同桌在最后关头挺身而出，在宋小璐责难苏晓彤的时候，以一副老鹰护小鹰的姿势把她护到身后。

“苏晓彤不是背后会嚼舌根的人，倒是你，这么怕被人嚼舌根，这么怕被老师知道，为什么还要早恋呢？”

苏晓彤在那个夏天长大了。

我们总习惯把友谊想象得很美好，以为那是不变的承诺，可以天荒地老。但是这个世界哪有这么多的天荒地老？

拥有的时候好好珍惜，不要辜负一场青春，就足够了。

❀ 懵懂爱情，属于我们的匆匆那年

一个人的玫瑰

米家的装修虽算不上金碧辉煌，却很精致，墙角有不知名的小画家勾勒出的壁画，与一侧的藤编艺术架浑然一体。即便不起眼的小灯座，也印着和墙体一致的图案，不细看，完全看不出来。难怪小鱼会选择这样的地方，这符合她追求精致生活的信条。

刚点完茶水，小鱼的电话就来了，说是临时有事来不了了，万分抱歉之类的。我总不能为了小鱼的失约，辜负了一盏美茶。我安然地坐下，聆听着若有若无的音乐。

旁桌坐着三个男生，十五六岁的年龄，其中一个生了一副少见的好相貌，不过表情比较冷漠，应该是不太多话的人。这个我倒是理解的，当年我有个学长也是一副好相貌，但一天到晚说话不超过十句，拽得像个外星人，不知道撕碎多少蠢蠢欲动的少女心。我对他的这种冷血行为极为不满，他却说，这些皆是短痛，若是热情洋溢后再拒绝，那就是长痛了。我比较晚熟，当年还不太明白他的意思，后来恋爱后才明白，感情这东西，给得起才能招惹。

我想着这些细琐往事的时候，有个女生走了进来，可能认识他们几个，看样子是想和他们打招呼，但终究还是安安静静地挑了张桌子坐了下来。她刚坐下，几个男生貌似要参加什么户外活动，站起来就走了。

她的目光随着他们走了出去，表情带着轻微的伤痛，不过一恍神，就没有了。

我观察了她好一会儿。她一直静静地坐着，没有吃东西，也没有更换姿势。

而后，我就走了过去，坐到了她的对面。

呦呦不是很多话的人，有点腼腆和内向，直到我问她是不是认识刚才那几个男生的时候，她才像受惊的小兔，警觉地抬起头。

“也不算认识，他们是我们学校的。那个最帅的是学校的校草。”

说起他的事情，她的话一下多了起来。说是有一次，有个微电影摄影组去他们学校取景，他正好戴着耳机经过，把摄影组的几个工作人员惊到了，当即决定，一定要在他们的小电影中，给他一次出镜的机会。之前也有人临时被邀加入，他们都是很开心、很高兴的。工作人员跑去邀请他时，他徐徐说了一句话：“对不起，我很忙。”工作人员不死心，问他忙什么，他说忙着摆脱纠缠。

“为了这个，老师还找他谈了话，中间的过程不知道，反正后来他还是那不咸不淡的性子，经常把别人伤得体无完肤。不过男神嘛，总能让大家轻易地原谅他的不礼貌。”

呦呦呼了一口气。

呦呦和他也有过一次小交集。一次去食堂吃饭的时候，他的卡没钱了。呦呦正好排在他的身后，赶紧把自己的卡递了过去。而后呦呦端着饭菜从他身边经过，他却只淡淡地扫了她一眼。前后不过三分钟的事情，他就把她给忘了。

“或许也不是忘了。”我给呦呦讲帅气学长的理论，“他只是不想同你有过多的纠缠。学生阶段的任务是学习，过多的生活接触有百害无一利。他算是明事理的人呢!”

她伸直腰淡笑。“你这是在安慰我吗?其实他是怎么想的，我也不在意。我也没准备给他留下多深刻的印象。他就像耀眼的星辰，和我原本不是一个世界的人。偶尔能看到他，或者就像现在这样，和某个人聊聊他也是挺好的。喜欢一个人，不一定要让他知道的，对不对?而且，我也不知道这究竟算不算喜欢。”她用吸管漫无目的地在饮料里搅拌着。

每个人的身边都有优秀帅气的人，被他们吸引符合人类的天性。爱美之心人皆有之嘛，优秀的、美好的东西都没有吸引力，那积极的正能量又在哪里呢?但是，这种欣赏需要有坦荡的胸怀，就像对着明月一样，不一定要占为己有，远远看着就好。千万不要让我们的小家子气，毁了月亮的清明。

哈根达斯的广告词

她的家境很一般，父母只是普通的工人，收入很一般。每月的房贷加上水、电、天然气的费用，剩下所能支配的钱并不是很多。所以，她家冰箱里的冰激凌没有超过三块钱的。但是，这些并没有影响她的快乐。她说虽然她没有吃过哈根达斯，但是却坚信如果有爱，三块钱的冰激凌也可以吃出哈根达斯的味道。

那时，她还不知道哈根达斯的广告词，把这些写进作文的时候，语气很恬淡，气场很足。

老师很喜欢她的这篇作文。在班上读她这篇作文的时候，老师表扬了她的文章，也表扬了文章中的精神。她倒没有老师那么多的感慨，依旧过着她三块钱冰激凌的日子。偶尔，她也会逛逛旧书店或是看场电影，日子也算充实。

一次逛旧书店的时候，她无意间看到一本旧杂志，里面有个故事，讲一个男生喜欢女生，请女生吃哈根达斯，因为哈根达斯有句很美的广告词：爱她，就请她吃哈根达斯！

他以为他的表达已经很清楚了，可是没想到女生并不知道这句广告词，一路静静地等他表白却没有等到，最后两个人只能暗自忧伤地擦肩而过。

故事颇为伤感，她一下记住了这个故事，也一同记住了这个广告词。

后来，一个男同学过生日，周围很多同学都被请去吃饭。饭局进行一半，男同学不知想到了什么，跑了出去，回来的时候手里多了一杯哈根达斯，气喘吁吁地放到了她的面前。

她的脸一下子红了起来。

她发现哈根达斯的味道和三块钱的冰激凌是不一样的。

从那往后，她总会不由自主地关注男孩的一举一动。他在笑，她也跟着笑；他打球磕破了皮，她也跟着一起疼。这样的关注多了，终于引起了同学们的注意。有好事的同学起哄说谁谁喜欢谁谁啦！原本只是并无恶意的玩笑，说得多了，就有同学问她："你是不是真的喜欢他呀？"

因为一直记得杂志里的那个故事，她承认得颇为利索。因为太利索，同学反而疑惑了，去男生那求证的时候，男生的嘴张得大大的，吓傻了，忙不迭地摆手，说："哪有的事，怎么可能？"

男生的反应令她很受伤。挑了一个星光稀疏的日子，她在教学楼的下面截住了他，问："你不喜欢我吗？"

"我为什么喜欢你？"男生不解。

“不喜欢我，为什么特意给我买哈根达斯?”她追问。

“你在作文里说没吃过哈根达斯，所以我就买了一个。”男生傻傻地解释。

他居然是另一个不知道哈根达斯广告词的人。

她落泪。

“我们这个年龄的女生都会偷偷织一个梦，这个梦原本和爱情无关，但是总会因为自身的情绪，错把它当爱情。”她坐在我的对面，靠墙角的座位。她的背后有一个插着百合的大花瓶，右侧是浅色的落地窗帘。

她的手撑着脸，躲在阴影里，眼睑低垂，看不清她的表情。

后来我常想，如果她的作文里没有提到哈根达斯，或是没有看到那个和哈根达斯有关的爱情故事，她的人生就不会有这段插曲。

但是，没有哈根达斯，可能就会有其他，一张白纸，一个笑容，一首歌……再浅薄的东西都可以寄托一个情结。那应该也算人生的一个阶段吧。我们不能简单地说这是对的，或者这是错的，因为在一个爱织梦的年龄，对的和错的都是镜花水月，都是一场梦罢了。

凝眸深处

他离好学生的标准甚远，不爱学习，脾气暴躁，邋遢……长得还很一般，眼睛很小，不笑的时候还有一条眼缝，笑的时候连缝都没有了。

这并不是我诋毁他，原话是沙沙对我说的，后来我还偷偷去见了他一次，唯一的感触就是沙沙说得很到位。他真的很不具备男一号的特质。

“学习差，体育总该好吧，可是他的体育和学习一样，奇差无比。

眼睛很小，总得个儿很高吧，可是他的个子也很矮小。”沙沙讲得眉飞色舞，“我们女生宿舍曾经给他总结过，他是非常奇特的火星人，完全不能用地球人的角度去欣赏。有一次放学，刚从校门口出来，不知怎么的，有个别班的同学骑车不小心碰了他一下，他暴跳如雷。也不看看自己瘦巴巴的小身材，竟然扑过去就想打别人。结果却被那位同学反过来按倒在地。挨了打后，他反而不生气了，躺在地上还一个劲地赞叹人家功夫第一。”

我额头黑线横生，没有接话。

“有同学替他作过统计，他的校服最长穿过半个多月，后来因为老师实在看不下去，勒令他必须把校服洗干净，他才不得不洗了一回。洗净后，穿来学校，他自己都感叹，瞬间轻了两斤。他还说早知道就不洗了，凑足三斤的时候再洗。”

她讲得兴味盎然。“还有更好玩的，运动会的时候，他坚持要报 1000 米长跑。体育委员不同意，说一个体育都不能达标的人怎么可以代表班级参赛呢？他不弃不馁，不停地磨啊磨啊，好在我们班原本就没有长跑达人，争取不了名次，最后也就同意让他去了。可是当 1000 米的比赛要开始的时候，他的人就闪没影了。广播重复了几次他的名字，刚想宣布他弃权，他却不知从什么地方出现了，说的第一句话是广播重复了几遍他的名字，现在他的名气应该大些了吧……”

我终于忍不住笑了。真是个挺有意思的人。只是我有些不解，明明是一个看着全无优点的男生，怎么就扯着他的话题可以聊这么久呢？我看着她说：“虽然你说了他那么多缺点，但是我怎么听都没听出来你对他的厌恶呀！”

她愕然，脸一下子红了起来，想了想才说：“和这样的人相处全无压力，他的存在貌似就是为了让大伙找平衡的，不舒服的时候，和他比较一下，瞬间就动力满满。他是补血神器，能让人一下子满血复活。而且，他的身上有我的影子。那些我刻意藏起来的缺点，像坏脾气、不爱学习、懒惰，他明明也可以掩藏起来，却毫无保留地释放了出来，这很需要勇气。就凭这个，就值得我敬佩了。”

果真，如果你愿意去了解一个人的话，即便他有满身的缺点，你也能从缺点堆中挖出优点。沙沙就是那个敢于在缺点堆里挖优点的人。我不知道这样算智慧还是任性，但是有一点是确定的，如果一个满是缺点的人被别人如此认同，一定会很感动的。

所以，后来我听到她和那个男生的绯闻的时候，我并不觉得意外。但是我知道那不是爱情，只是一种惺惺相惜的情绪，或同情，或欣赏。

我们都习惯光鲜地站到别人面前，尽量把自己最完美的一面展示在别人面前，把那些丑陋、自私、阴暗的一面深深地藏起来。但是这些只能欺骗别人，却不能欺骗自己。我们知道自己会担心什么，会恐惧什么，也知道自己身上有多少自己不能接受的东西。

有一天，有一个人肆无忌惮地把自己刻意掩藏的缺点展示出来的时候，他不介意别人看他的目光，想胡闹就胡闹，要丢脸就丢脸。在他人的眼中，有不屑的同时，还有震撼。

别人看到的是凝眸一笑，她看到的却是灵魂的叫嚣。无关情爱，只是单纯地旁观自己。

风铃乍响

兔子小声地问我：“你相信缘分吗？”

“五百次的回眸，才换来今世的擦肩而过的那种？”我问。

“对呀！”她嘴角的小酒窝浅浅地显了出来，笑得煞是好看。“我在宿舍的窗边挂了一个风铃。有一次风铃响，我探出脑袋一看，看到了我们班的一个男生从女生宿舍楼门口经过。我也没放在心上。又一次风铃响，我再探出去看，又看到了他。”

我呵呵笑了起来。“你总不会只探了两回头吧？”

“但是，只看到过他两回嘛！”她撒娇起来，“姐姐，你倒说说这是不是缘分呀？”

她在读初一，父母忙着打理家族事业，她平时住在学校，周末放假就住在大姨家。兔子也不怕生，刚来她大姨家的时候，咯噔咯噔沿着楼梯一家家跑，四处打听有没有年纪相仿的小伙伴一起玩。等她找到我家的时候，我正好闲来无事用电饼铛做了一份比萨，看着还挺像那么回事。她被香味吸引，姐姐姐姐的叫得很甜，赖在我家不走了。她一人灭了我半个比萨后，才摸着小肚皮说要走了。不过，怕我以后不招待她，她赶紧补充，说她平时也不吃这么多，这次只是意外，主要是因为我做得太好吃了。

她这些话很受用，后来每逢周末我都会试着捣鼓各类新式的糕点，她每次都把小肚子吃得溜圆，也每回都坚持说她平时不吃这么多的。

她也经常给我讲一些学校的事，但像这次这种带铺垫的故事倒是很少见。

“如果是缘分，你想怎么办？”我问。

她推搡了我一下，随即收回推搡的手，捂住自己的唇，说道：“佛曰：不可说，不可说。”

兔子变成了有秘密的兔子，有时在我家好好地吃着点心，突然又一言不发地把点心盘子推开；有时正说到开心处，突然又唉声叹气。

联想到之前的风铃君，我忍不住问：“和那风铃君表白了？”

她怒目而视。“做人不要这么俗气好不好？缘分这东西还需要表白吗？”她懊恼地抓着头发，“就是和他有缘的人貌似蛮多的，前两天从音乐教室出来，他和一个女生撞了一下。那女生说撞一下也是缘分，现在天天巴巴地找他说话呢！”

突然，她像想起什么大问题似的，认真地问我：“姐姐，你说两次风铃的缘分，和一次撞一下的缘分，哪个缘分更深厚些？”

我没有直接回答。“还是同学的缘分更深厚。”

她看了我一眼，倒也没生气。隔了两个礼拜再过来的时候，她却像霜打的茄子，唉声叹气地说：“完全没戏了，他最近迷上写作了，和一个也喜欢写作的女生走得很近。”

“要不我也教你写作？”我积极宽慰。

“还是算了吧，我和文字两看生厌，犯不着让彼此难受了。”

她萎靡了一盏茶的工夫，很快身子又悄悄向我靠了过来。“我的风铃又响了，也两次了，这次是另一个男生。姐姐你说这次是不是缘分？”她的脸红红的，昔日小兔子的娇羞模样又回来了。

我端着茶杯，哑口无言。

成长中的孩子总有这样或那样不成熟的想法，那些不成熟的想法对他们的整个成长过程并没有太大的影响，不需要严厉纠正。以观望的态度陪着孩子一同经历这些，在适当的时候适度引导一下就可以了。不要急于走到孩子的前面，说这个是不对的，那个是不行的，矫枉过正，也就适得其反了。

不要让自己的观念影响孩子的成长，而是应该在孩子成长的过程中适度表达自己的观念。

犹抱琵琶

她是体育白痴。按说“白痴”这个词怎么也按不到她的头上来，她身高一米六五，长着两条大长腿，体形也好，不胖不瘦，学习也不错，反应并不迟钝。占了这么多的先天优势，跑个步、跳个高的，怎么也不应该难倒她呀？可是偏偏，她就以反常规的模式存在了。

她体育测试不是不达标，就是不及格。

体育老师实在拿她没辙了，就让她从基础练起。那就跑步吧，早上三圈，晚上三圈。

三圈她也不急，优雅地在操场上踱着步。老师说，你不能快一点吗？她喘着粗气说，不能再快了，能快她就不用在这练跑步了。

她的回答把老师气得不轻，撇下她走了。走了后想想又不合适，怎么可以让一个女生自己在操场跑圈呢？怎么说也说不过去啊。再说这样的训练也得有个记录呀。然后他就把体育课代表找来，说她以后的达标训练，得靠他来监督了。

他不负老师所托，每天定时把她叫醒，站在操场上陪她日晒雨淋，晚上训练完了又按时把她送回宿舍。有初为人师的感觉，他颇为珍惜，对自己的弟子也是一副好脾气。

“今天第一圈比昨天快了五秒，不过三圈下来，并没有提高。”他说。

“你起跑的时候迟钝了一下，完全可以快个 1 秒。”他说。

“你试着再快一点点呗。”他说。

“其实当年我也是跑得很慢的，训练训练就快了。”他说。

……

宽慰她的话他说的不少。说的时候，笑容也很真挚，就像邻家哥哥一样。不知不觉，她有些依赖他。训练跑步的时候是，不训练跑步的时候也是。她总会自觉不自觉地叫他的名字，然后说：“你帮我一个忙，好不好？”

过了几个礼拜，有好事的同学看出一些端倪，一些流言蜚语也就出来了。有说他喜欢她的，有说她喜欢他的，有说他们互相喜欢的。他和她都极力在大家面前否认，但单独相处的时间太多，这样的否认在事实面前显得很没有说服力。

流言传得久了，体育老师总算也听到了一些，觉得再这样下去不是太妥当。于是，体育老师便把他换了，换成了一个女生当陪练。

女生传承了体育老师的衣钵，不苟言笑，要求严格。她受不了女生苛刻的训练要求，两人发生争执。女生带着鄙夷的表情，说："换成课代表过来，是不是就不苛刻了？"

她的脸色一下子惨白起来。

那时，她已经开始刻意和他疏远，可这些并没有改变同学们的看法。但凡老师讲到中学生的思想还不够成熟，断然不能早恋，或是涉及早恋的种种危害的时候，同学们总会不自主地把目光投到他和她身上。

那样的目光像针芒，扎得她遍体鳞伤。

她表情苦涩地望着我。"为什么异性之间的友谊这么难驾驭呢？明明是很简单的感情，为什么要搞得那么复杂呢？同学们为什么就不相信我们说的话呢？"

"因为好奇。"我轻敲桌面，"他们本无恶意的，青春期，对异性原本就有比较大的好奇，因为怕羞和其他的一些原因，会努力压抑这样的好奇，尽量减少和异性的接触。但是并不是说不感兴趣。所以，但凡有些风吹草动，就会异常敏感。"

她大大地叹了一口气。"但是这样真的好吗？"

我突然想起白居易《琵琶行》中的著名诗句"犹抱琵琶半遮面"，或许青春正是因为这样才美好吧。

青春期的我们脑洞大开，对异性有这样或那样的奇思妙想，这本身并没有什么错，但若太执拗于此，那就有些不合时宜了。虽然我们年轻，但哪些是点缀、哪些是主体，还是得分清的。

33 厘米

高一新生入校，测量身高的时候，她一米五一，他一米八四。也是凑巧，两个人几乎同时站到了测量仪前，一个在左侧，一个在右侧。一边刚报完一百五十一，另一边马上接一百八十四。

长长的队伍瞬间凌乱，同学们笑得前仰后合、花枝乱颤。

当时的场景，让她恨不得立马找条地缝钻进去。好在她还算淡定，冷冷地说："没见过小个子吗？小鸟依人懂不懂？"

有同学叫道："你能依谁啊？一米八四的吗？"

又是一阵大笑。

她气鼓鼓地跺脚，却跺不走同学们的玩笑。开学第一天，她就被动地和他凑在了一起。同学们还送给她一个称谓：33 厘米。

这个数字让她很憋屈。

她的祖上都不高，到了她爷爷那会，好不容易找了高个子的女人做老婆，指望借助外力拔一拔家族长势。可惜想法很完美，成效却不大。爸爸并没有完成爷爷的伟大设想，依然继承了祖上的小个子基因，到了成亲的年龄，因为自身原因也不能有太多挑剔，娶了一个矮个子女人。这些条件加起来，她还没出生就注定了她是长不高的孩子了。

"从小到大，我都要比同龄的小伙伴矮小很多。爸爸妈妈都不是太注意。他们说女孩子嘛，矮小点也无所谓，也是很讨人喜欢的。"她拂了一下自己额头的发丝，"所以之前，我并没有因为身高问题有太多的自卑。可是，高一开学的时候我真的受伤了。"

在"33 厘米"的称呼广为流传的时候，很多其他班的同学特地跑到他们班窗前来辨认，谁是 33 厘米。她自然是不敢抬头的，每次下课差不多都把头枕在胳膊上，尽量回避这些恼人的目光。几次之后，那高个男生也寝食难安了。虽然他不是始作俑者，但毕竟与这个数字有着太大的渊源。他实在逃不过良心的谴责，终于有一天面对众多好奇的眼睛时，不卑不亢地站了起来。“你们这样像一个成熟的高中生该做的吗？这样极不礼貌，你们不知道吗？这样践踏一个女生的自尊，你们于心何忍？”

从来没有谁对她说过这些，从来没有谁拦在她前面为她做过这些。她有些迷茫，心却突突地跳了起来。就像紫霞仙子看到至尊宝踩着七色云彩出现时一样，她也看到了一个大英雄站在他面前，原本那些让她胆怯的事情她都不再害怕了。

她常常有事没事地走到他面前，又有事没事地找他说话。一开始他很热情，会依着她的话题跟她闲聊。但是可能是她找他的次数太多，他心烦了；或是听到了某些流言蜚语，不能淡定了。一次，她课间再过去和他说话的时候，他认真地说：“你们女生不是讲究和小姐妹一起说秘密、扯八卦的吗？你怎么一直来找我聊天说话呀？该不会把我当你的闺蜜了吧！”他龇着牙笑，“我可是大男生，担不起闺蜜这个美名呀！”

估计这是他考虑许久才说的话，觉得这样的用词最不会伤人了。可是，这些话还是生生在她心头划了一道伤口。

她说：“你见过不会游泳的人不小心落水了，好不容易抓到了一块浮木，这浮木于她就是延续生命的呀，断不可能轻易撒手的。”

她假装听不懂他的话，继续找他说话，继续向他借笔记。终于有一天，他沉声道：“你能不能不要再找我了？我们之间有 33 厘米的身高差，这样的组合太诡异了吧！”

他终于摒弃他最初对她的保护，在她最在意的软肋处伤害了她。

同学中开始盛传她失恋了，可是她并不承认。她说：“前半部是英雄救人，后半部是英雄伤人。再怎么看，也没有男女绯闻这段吧！”

一个人对另一个的好感可以追溯到很多方面，比如善良，比如帅气，比如拔刀相助，比如天真无邪……但是好感不等于爱情。这样的好感留给自己慢慢回味就好，不需要亮给别人看。我们珍视的，不一定就是别人希望的。

记忆里的高跟鞋

素素高二那年，学校的领导决定在临近圣诞的周六举行一场舞会。

学生自然是高兴的，但是老师就紧张起来了。他一会要求学生不要穿太紧身的衣服，一会又补充说不要穿抹胸款的礼服，想了一会又说，淡妆就好，妆容不要太浓烈。

虽然老师提了这样那样的要求，但是同学们还是兴奋得不得了，这个说我要穿吊脖的礼服，那个说我的一条粉色小吊带也好看，有男生叫，你们女生都是钢铁打造的，不知道冷吗？

女生反驳，冷什么冷，外面可以披件羽绒服嘛，进了场地不就好了，这么多人，又有空调，怕什么？

同学们讨论的时候，素素坐在自己的座位上没有说话。她把自己衣橱里的衣服在脑海里过了一遍，并没有太合适的，再过一遍，还是没有太合适的。好在同桌也有这样的顾虑，一个人在那喋喋不休地嘀咕：“估计得去借一套裙子穿穿了。”

一语惊醒梦中人，素素突然想到表姐有一条羊毛裙，酒红色，大裙摆。虽说厚了一点点，但也算比较正式的了。前段时间，她抵挡不了漂亮裙子的诱惑，忍不住试穿了一回，确实不错。现在想想，倒也适合这样的舞会。

衣服确定了，心也就放下了。到了周六去表姐家换衣服的时候，表姐看着她脚上的鞋子，撇了撇嘴。“你想穿雪地靴过去？”

表姐从鞋柜里果断地找出一双高跟鞋。“我们的尺码倒是一样的，就是这双鞋尺码偏小了一点点，我穿着紧，你先试试。”

素素的脚肉薄，穿着并不卡脚。只是因为从没穿过高跟鞋的缘故，她总觉得有些重心不稳。好在，女生天生有驾驭高跟鞋的天赋，穿着走了几步也就适应了。

等她穿着高跟鞋到达学校舞会大厅的时候，她却吓了一跳。原本说好了要穿什么什么衣服的女生不是简单的毛衣和牛仔裤，就是厚实的棉衣和休闲裤。也有几个穿棉裙的，估计怕冷还是怎么的，里面还叠穿了厚实的棉裤。

同学们也很惊讶地看着她，老半天才回过神来。

“素素真穿裙子了，不冷吗？”

“还有高跟鞋。”

“看到没有，素素还涂口红了！”有女生兴奋地尖叫。

……

见素素发呆，同桌穿着球鞋傻傻地跑了过来。“这哪是什么舞会啊，分明就是学校考验我们节操的战术嘛！”

老师到了会场，见到同学们的穿着，嘴都笑歪了，不过致辞的时候却说年轻人应该有活力，不要被传统束缚。他还意有所指地对着素素的方向说：“有些同学的表现就相当不错，能赶得上潮流。”

素素脸色惨白，如坐针毡，没等到散场就走了。

走到校门口，一阵急促的脚步声传来。是同班一个极少交流的男生。“你没有做错任何事，是其他人没有遵守游戏规则，你不用太放在心上。”

她不理他，慌忙往前赶，却被他拽住。“其实今天很多女生都在羡慕你，你穿了她们向往已久的裙子，穿了她们向往已久的高跟鞋，涂了她们向往已久的口红，做了她们想做而没做的事情！你比她们都勇敢！”

那句话就像一颗灵丹妙药，稳定了她惊慌的情结。

她原本就没有做错什么，为什么要觉得心虚理亏呢？

回忆那天之后的情况，素素说：“我和他还是之前的相处模式，直到毕业，也没有谁再提起那天的事。但是即便我们不交流，我也知道他一直站在某个角落偷偷关注着我。那也是我奋起的动力。”

每个少女都向往高跟鞋，有的穿到了脚上，有的没有。有些感情说出口了，有些却不能。

但是我们要知道，很多感情没说出来不是因为卑微，而是因为懂事。年轻的臂膀既然还不能承受太多的负担，那么就应该退守在自己应该站立的位置，用积极的心态去点亮人生的希望。

烟花的世界

她有一个烟花梦，在她生日的时候，铺天盖地的烟花飘散而下，点燃一方天空。

她曾经把这个梦想写到了博客上，后来想想又删掉了。她怕同桌说：苏小珊，你又犯抽了是不是？你不知道烟花很污染环境吗？你不知道烟花很贵吗？

苏小珊的同桌是个男生。

也是很凑巧的事，新生报到的时候，名单上的性别栏，班上一个叫什么华的女生被标注错了，标成了男生。直到老师到教室点名安排座位的时候，才发现性别出现了乌龙事件，安排到最后硬是多出了一组单个的男生和女生。

老师在那纠结了好一会，总不能因为性别问题就把两张座位拉开

吧？最后，他只好黑着一张脸，安排他们就座。而后每次上早读课，老师总会三令五申地强调早恋不好，一再强调近水楼台先得到的是月，还是先喂了鱼，还有待考证。

在这样的背景下，她和同桌的关系处得很尴尬。聊天聊多了吧，怕老师压力太大。聊天聊少了吧，毕竟和同桌前世也没啥大仇，犯不着白眼来，冷眼去。

苏小珊也特别憋屈，人家下课都有同桌陪着上厕所，她却没有。人家大姨妈突然到访的时候，可以向同桌寻求帮助，她却不能。哎，这个废材同桌，除了嘴皮子溜了一些，没一点实质性的用处。她还得整日如履薄冰，一天到晚都要思量，和他说话的表情没出格吧，语句还算妥当吧，不会传出啥不良信息吧……这么想来，全是辛酸泪呀！

她怂恿同桌，让他去班主任那说说，换个同桌。她不介意他把她说成什么，说她狗屎她也认了。

他却摆出一副高深莫测的表情，说道："怎么想的呀，你能和狗屎相提并论？狗屎可是和好运连在一起的，就你这俗人，狗屎都不愿意给你踩呢！"

苏小珊想拍飞他的心都有了。见他不为所动，她只好兢兢业业、恪守本分，继续保持着少笑、少交流、少互动的"三少方针"。好在同桌虽然毒舌功了得，平时还算配合，并不是逮着机会就兴风作浪。

一次，苏小珊回答不出老师的提问，他还坐在那见义勇为、拔刀相助了一回，把苏小珊感动得不得了。下课的时候，她忘了"三少方针"，跟同桌说："后天我生日，要不你也过来吧。"

他端着架子在那思考了老半天，在苏小珊后悔得想要收回这句话的时候，他才勉为其难地应了下来。

因为宴请了同学，父母把她的生日办得还比较正式，特地在酒楼订了一桌饭菜。可是其他的同学都到了，他却愣是没出现。苏小珊走出去给他打了一个电话，他一扫之前的毒舌本性，支吾半天，说："贸然出现，不太好吧。"

"滚——"苏小珊真想踹他，好在他有先见之明，没在她面前。苏小珊刚想挂电话，他却慌忙叫住她，说："站到南边的窗口，等两分钟。"

苏小珊不解，回到包间，站到窗口。不一会儿，百米远的广场上空，燃起了绚丽的烟花。苏小珊捂着嘴，才没有让自己兴奋地尖叫起来。

第二天，苏小珊忸怩地对他的烟花表示感谢的时候，他一脸愕然，说："又不是我买的，谢我干吗？我只是看到人家买了准备放，就顺便叫你看一看。"

住在城东的人还能看到城西的人在广场放烟花呢！想归想，苏小珊却并没有拆穿他。

"我觉得吧，我们这样的相处方式也挺好的。像朋友又不是朋友，毒舌却不冷情。"她双手抱着脑袋靠在椅子上，跟我说。

她的眼亮晶晶的，很开心的模样。

人与人之间的相处说复杂的确很复杂，说简单也可以很简单。只要摆正自己的位置，一切顺其自然即可。

擦肩不忘花香

我去找李老师借一本文集的时候，他正在办公室教育一个女学生。我推门进去，他却气鼓鼓地跑了出去。"你来得正好，快帮我给她上上政治课，我的老心脏受不了了。"

我看看已经合上的办公室门，又看看低头站着的女生，假装咳嗽了一声，接着问道："究竟是怎么回事？"看她站着也累，就拉着她一起坐到了旁边的沙发上。

她被我的热情吓了一大跳，长长的睫毛哆嗦了好几下，好在看到我和蔼可亲的表情，才总算淡定了下来。

这祸事还是我挑起来的。因为我临时给李老师打电话，要来拿文集，他便回教师家属楼给我取书去。碰巧，路上他就看到这名女生和一个男生站在家属楼后面的小平台下拉拉扯扯。

“其实我也挺冤的，那男生我也不熟。见面时只对我说阿迟出了点麻烦，要和我商议一下。阿迟是我表姨的儿子，平时遇上缺钱啊、请假啊这些事儿的时候也会找我帮忙，我也就没多想，跟着他过来了。哪知道，到了这儿他却递给我一个大信封，里面装着厚厚的几张纸。我就知道不对了，断是不敢收这信封的，没想到老师这个时候就来了，把情书和人逮了一个正着。”

“那不是应该找那男生的吗？”我不解地问。

“男生移交到他班主任那边去了。”她说，“原本也没我什么事的，只是我洒了香水，老师就很生气，说我不顾校规，分明就是故意招蜂引蝶。”

进来的时候，我就嗅到了一股香味。不过，我没和眼前的女生联想到一块，以为老师在办公室喷了空气清新剂，就没放到心上。

“学生不是不能洒香水的吗？”我有些疑惑地望向她，“今天是什么好日子，需要你洒香水啊？”

“不是今天，我差不多天天都洒香水。”她不安地揪紧衣服前襟，“我有轻度的体味，怕同学们发现，所以情愿被大伙误会，认为我爱美啊，或是故意招蜂引蝶。这些虽然也不好，但是总比发现我有体味要强吧。”

“为什么不告诉老师？”

“告诉老师只有两种结局，要么让我遵守校规，要么默许我这么做。但是，如果再有哪位不明真相的同学也开始洒香水，老师怎么处置？逼急了的话，估计就要抖出我的秘密了。”她从沙发上站了起来，

“等老师气消了我就没事了，毕竟我也没有犯太大的错误。下次再有什么的时候，再批评一下好了。你千万要保密呀!”说完她又规规矩矩地站到了老师的办公桌前，低眉顺眼地站着。

我还是觉得她的方法不太妥当，忍不住把她有体味的事情告诉了老师，老师笑了。“这话她对她的同桌说过，说的差不多和对你说的一样，我挺重视的，还刻意打电话向她的父母核实了一下。得到的回复是，完全没那回事。她父母也在为她那么爱美纠结呢！打也打了，骂也骂了，他们也没辙了。”

我有些不死心，接着说：“那和男生见面那事，总不是她的责任吧?”

老师叹了一口气，说道：“关键是这个理由她用了五到六次了。”

我傻傻地站在那。“她这样也没意义呀!”

“对她而言，最大的意义或许就是有个多彩多姿的青春吧！唉，终究还是孩子，她还不懂她这么做只是在不负责任地预支她的人生。”老师感叹。

镜花水月终究只是假象，梦醒了什么都没有了。太执着于此，等到哪天蓦然醒悟的时候，错失的光阴谁去埋单呢?

年轻不是理由，更不能成为借口。什么年龄该做什么样的事情，就去做什么样的事情。就像四季更替一样，自然的规律不会因为谁而轻易改变。

请珍惜这段美好的岁月。

忘记加糖的咖啡

开学前，她和他有过一面之缘。

那时她在她阿姨的小超市里，坐在门口，抓着手机玩愤怒的小鸟。

因为平时很少玩游戏的缘故，她卡在一个关口上，总是闯关失败。她的执拗劲上来，非要通过这点不可。但是打游戏也是要诀窍的，并不是按照老路线一再练习就能成功。

阿姨看她脸色铁青地抱着手机，吼了几声让她爱护眼睛。她嗯了几声，却并没有放下手机。阿姨对路人抱怨，看看这就是游戏害人呀！原本多听话的小姑娘呀！

啥游戏这么吸引人呀？在超市买了一包辣鸡翅出来的朱一帆兴奋得不行，咬着鸡翅就凑到她面前。一看是愤怒的小鸟，瞬间有种一大片乌鸦飞过的感觉，心想：这么老土的游戏竟然也不会打？

“你的角度不对，应该先打这边的。”他开始现场指导。

按他的指挥，飞了几只一心求死的鸟过去，角度貌似对了，但松开的力度还是不行，几次三番还是没有成功。朱一帆也没心思继续啃鸡翅了，把开封了的包装袋叠了一个周正塞进了裤袋，然后说：“拿来，我示范给你看。”

她也着实打得有些累了，便将手机递了过去。这一打一看，不知不觉就一个小时过去了，又一个小时过去了。

因为打手机游戏的事情被阿姨揭发，妈妈当晚就把她接回家中，进行思想教育。她认罪态度极好，在第一时间表达了自己要洗心革面重新做人。

虽已认错，但她心里却是有些郁闷。如果没有那个好事者，她再执拗也不会和一个游戏过不去，在那折腾两个多小时呀！

这事就这么过去了。没想到高一开学的时候，她却在自己的教室里看到了那个好事者。她像看到了外星人一样，指着他，你，你，你，你了半天。他也急得抓耳挠腮，突然猛地拍了一下大腿，说：“哦，想起来了，你是那愤怒的小鸟！”

你才愤怒的小鸟，你全家都愤怒的小鸟！她在心里腹黑地说，却也早忘了当日对他的抱怨，开心得不得了。

上课铃响后，他才后知后觉地问她："你通关了吗？"

通关？她后来连手机都没摸过，拿什么通关呀！她摇头。

他却没有想这么多，以为她纯粹是技术不行，就自告奋勇地说："找时间我教你好了，很简单的。"

因为老师来了，等不得她拒绝，这对话也就结束了。不过，下课之后，那拒绝的话突然就不想说了。在一个陌生的环境，多一个熟人，也是好事。

"后来，就像你现在知道的那样。因为游戏的缘故，我和他走得比较近。讲不影响学习吧，那肯定是骗人的。但是为了学习而疏远他的话，又会觉得很不是味儿。怎么说呢？"她苦涩地笑，"现在高二，我和他认识差不多也一年多时间了，一年多时间也够养成一个习惯了。明明知道是坏习惯，一下子戒掉却很难。我现在准备慢慢疏远他，不能再把时间浪费在这里了，高三耗不起这个了。"

她终究还是一个懂事的孩子，我叹息。

有一次，和一个孩子闲聊，我也讲到了这个故事。她不解地问我："既然知道是坏习惯，为什么要让它形成呢？"

我笑了。因为没有谁会在一开始把这个当习惯，以为一切皆在掌控之中，可发现的时候却偏离得比较远了。好在有句古话：浪子回头金不换。知道错了，回头了就可以了。

不过，仔细想想，他们也算不上浪子，毕竟还是始终知道自己的责任的。绕一圈回来，虽然走了一点弯路，但也算明白了主次，并没有造成太大的伤害，这也算是一种成长吧。

❀ 生活，请用心聆听

半条船

她因自己的家庭而自卑。

“你没有见过我妈妈，家里怎么穿不讲，别人的妈妈走出去都是风风光光的，可她不是。地摊上 20 块买的衣服穿在身上怕别人不知道，还一再和别人介绍，说开价 35 呢，被她还价还到了 20，表情又高兴又自豪。我受不了她这个，一再对她说买了就买了，穿了就穿了，又不是什么品牌衣服，不需要四处炫耀的。她就骂我，说又不是偷的，又不是抢的，花自己钱买的，有啥心虚的？她说我就是虚荣。”她鄙夷地笑，“分明就是没眼色的人，有谁会在意一个穿 20 块钱衣服的人呢？”

我没有否认也没有赞同，问她：“爸爸呢？”

“爸爸？他就更不用说了。一个大老爷们被我妈妈管得死死的，平时抽的都是六七块钱一包的烟，走亲访友才能换上十四五块钱一包的。当然，好烟他是一根也舍不得抽的。派给别人后，就干笑，说自己最近咳嗽，不抽烟。烟瘾上来的时候，就偷偷躲到阳台上，摸出廉价的点一根。你说这一根烟才多少钱，可他就有这样的能力，让自己看上去这么卑微。”她讥笑，“要么就把烟戒了，要么就抽好一点的，他这样算什么?”

她没有停下来的意思，继续说着：“你也知道，我们这年纪，几个交好的同学互相之间也会偶尔走动走动，去这家转转，那家玩玩。可是我从来没带同学来我家玩过，怕我的父母突然来一句什么惊世骇俗的话吓着他们。一次，我们在超市采购一些日常生活用品，我看中了一个茶杯，六十多块钱。这不算太贵吧，爸爸妈妈心疼了很久，最后还是放进了购物车。到家后，爸爸对我说，我们家就像一条已经破损的船，半条在上面，半条在水里，即便他们在水下，他们还是会努力地把我托到水面上的船里。哼，他们以为只要我站在船上就可以了，殊不知这样没有任何意义，即便我现在站在水面上，但迟早也会因为水下的部分，沉下去的。”

“你的意思是——”我疑惑不解。

“我一个人穿小名牌，吃新鲜的水果，对我来说这不是恩赐。”她沉吟了一下，“我觉得我们家的生活分两个部分，一部分是光明的，大白天，那是我享受的。另一部分是黑暗的，大晚上，那是父母享受的。这样的差异是不应该存在的。一个家庭怎么可以承载这样的不平衡?”

“他们自身比较勤俭，因为爱你，舍不得你太受罪，所以在你身上花钱比较大方，却一直在苛刻自己。”我说，“很多父母都是这样的。”

“这是好听的说法，实际上就是不上台面的小家子气。有一次，楼下的一个大婶对我说，你这孩子太不懂事，你爸妈这么辛苦，都不舍得好吃好穿，你却一味地追求名牌，吃好的，穿好的，这样对得起他们吗？当时我听后挺愤怒的，仔细想想，这又能怨谁呢？还不是我的爸妈造成的啊！就是因为他们的小家子气，连带我也被看轻了。”

那次的谈话最终不欢而散。一方面，我实在接受不了她对父母的某些说辞；另一方面，我觉得造成这种现状并不是孩子单方面的问题，我实在无法对孩子严词谴责。

分手的时候，我的心情比较沉重，忍不住和朋友说起这事。朋友听后，说：“其实孩子有一点说的是对的，船破了，迟早是会一起沉下去的。原本就是一根绳子上的蚂蚱，不认清处境，一味地捧高孩子，有意义吗？强烈的对比下，恐怕预期的效果没达到，反而让孩子变得自卑与虚荣。”

“孩子就没有错了？”我问。

“有。这个世界上没有谁能看轻你，能看轻你的只有你自己。”她徐徐道来。

对，这个世界没有谁能看轻你，能看轻你的只有你自己！

三比四的世界

幸和不幸只差了一个字，却是天壤之别。

她的手撑着额头，说话声音细细的，眼睛斜着看门口挂着的大灯笼，眼神中带着不甚分明的痛楚。

她并不快乐。

那样的眼神让我想起她妈妈新婚之时。上婚车前，新娘突然紧紧地拉着新郎的手，也是这样的眼神，执拗地看着他，问：“你确定你能许我一辈子的幸福？”当时我淹没在人群中，被她的眼神触伤，没有听清新郎说什么。

后来，听一个嘴碎的大婶说，新郎的前女友回来了，新郎一度有过退婚的念想，但最终还是放弃了。

那时，我还处在比较单纯的年纪，为这部难得一见的现实版韩剧兴奋了许久。接下来差不多一个月的时间，我都在没日没夜地和小姐妹们讨论后面的剧情……不过见人家相安无事，最后就没有兴趣了。

没想到几年后，突然听到消息，他们离婚了。我多少还是有些八卦的。惊闻这个消息后，我的第一个问题是：那人最终和前女友在一起了？

告诉我这个消息的人鄙视地看着我，说哪有这么多的前女友啊，说是性格不合离婚的，具体的就不清楚了。那时，我还沉浸在剧情的大结局中，为两个人唏嘘了很久，倒也没想起孩子的事。等见到这个孩子，才突然发觉，这事竟然已经过去那么久了。

“很多夫妻离婚后，都把孩子当皮球一样踢来踢去。我的一个同学就是，现在一直奶奶带着呢，偶尔外婆也会接去几天，但爸爸妈妈都不欢迎他。和他比起来，我太幸福了，爸爸妈妈都喜欢我，虽然我在他们离婚时判给了爸爸，但是他们是有协议的，三比四。这个月礼拜一到礼拜三在爸爸那，礼拜四到礼拜天就会在妈妈那。到了下个月，就换过来，礼拜一到礼拜三在妈妈那，礼拜四到礼拜天到爸爸那。”

她无聊地摇摆了一下脑袋。“在同学面前，我总会昂起头，很嘚瑟地说我爸爸妈妈还是很爱我的。但是，事实是我并不喜欢我现在的生活。我不知道我在他们的眼里是什么，是他们的女儿，还是他们争抢的战利品。有时候吧，我觉得他们不让步不是因为爱我，而是以为对方爱我，所以就摧毁性地掠夺。他们这么做只是为了让对方不舒坦罢了。”

“他们没有重组家庭？”我有些好奇，这样的安排一般家庭是不太容易接受的吧。

“爸爸重组了，妈妈没有。我判给了爸爸，爸爸带我是他的责任。有人愿意分担这样的责任自然是好的。”她的头枕在胳膊上看

我，“新妈妈并不喜欢我，我也不喜欢她。现在我还有一份念想，每个礼拜还有几天时间可以在妈妈身边。但是妈妈终究也是要结婚的，到那个时候，我不知道他们是不是还遵守三比四的原则，我是不是会被踢来踢去，也不知道新妈妈和新爸爸会容忍我多久。我觉得未来好渺茫。”

因为她在这里等她妈妈过来，我不想如此唐突地出现在她妈妈面前，就起身告辞了。

走出去，刚到拐角处，就看到两个人在吵架，女的颇为狼狈地站在车外，对着车里的男人高叫：“那个可是我的女儿呀！”我听不到那男的说了什么，只看到她的眼泪慢慢地从眼角渗了出来。

我认识她，我参加过她的婚礼，她是那个女孩的妈妈。

我低着头，伪装成陌生的路人，从车旁走过。走着走着，一滴眼泪从我的脸颊落了下来。

孩子说妈妈终究也是要结婚的，孩子说她不知道她是不是会被踢来踢去……

这个世界有很多我们看不到的伤情，我们忧伤的和孩子忧伤的，之间隔着一道厚厚的墙。如果可以，相守到老，可好？

遗失的感叹号

她爸爸和她妈妈的婚姻，一开始外婆是反对的。外婆说：“闺女啊，生意人重利薄情，你确定要嫁他？”

那是三月，桃花盛开。妈妈穿着白色的风衣站在桃树旁，笑颜初开。“可是，妈妈，我爱他呀！”

外婆最终没有阻止他们的婚礼。10月，镶着玫瑰的车子停在巷口，她提着婚纱的下摆踩着水泥地满心欢喜地走了出去。

外婆站在她的身侧，坚持要送她出来，看她上车。一路，她是雀跃的，外婆却是忧伤的，外婆说，闺女，你一定要幸福啊！

一晃三年，小女孩出生了。

为了庆祝小女孩的出生，爷爷给他们买了一套新房子，出门就是有名的商业街。爷爷说一定要让唯一的孙子含着金钥匙出生，从小生活无忧。可惜不是孙子，是孙女，爷爷有些失望，好在小女孩有一副讨喜的面孔，虽变不了男儿身，却有灵气的双眸，而且会说的第一个词就是爷爷。爷爷很是欣慰，小女孩断奶后，就成了他的小尾巴，上班带着她，谈不是太重要的生意带着她，买好吃的带着她……

妈妈回去跟外婆说，并不是每一个生意人都是重利薄情的，老公不是，公公也不是。

事情的转折是小女孩 11 岁时，她上五年级。放学后，她背着书包追着一个同学打闹，同学快乐地逃跑，没想一辆车对着她同学疾驰而来……小女孩站在身后，睁大眼睛，想说话却发不出声音。

爷爷第一时间发现了不对，冲过来把她同学推了出去。同学吓得哇哇大哭，小女孩却没哭，她蹲在地上，抱起爷爷的头，满手的鲜血。

别人都说爷爷是见义勇为的楷模。爷爷用他的死赢得了这个称谓。小女孩回忆着当天的情景，不知怎么的，就是没有眼泪。

奶奶知晓当时的场景后，痛哭，指着小女孩的鼻子骂她冷血。爸爸红着眼劝慰着奶奶，从此看小女孩的目光也多了一些看不明的东西，像看着不知名的怪物，也像看着一个完全陌生的人。

只有妈妈流着泪抱紧小女孩，口里不住地说：“她只是一个孩子呀！只是一个孩子呀！”

7 天后，当小女孩从浑浑噩噩中醒来的时候，她突然想明白了一件事，爷爷要救的其实是她。如果她的同学倒在我面前，她会一辈子

饱受良心谴责的。

小女孩开始号啕大哭。但是，疼她的爷爷终究不在了。

这是导火线。往后，爸爸总能发现她这样那样的缺点，吃饭的时候有声音了，喝汤的时候滴到桌上了，连他之前一直夸奖的小女孩的笑容，他也觉得笑得太夸张了……

爸爸和妈妈开始吵架，一开始都是围绕着小女孩。可是慢慢地，吵架的缘由变得越来越多。等到小女孩初二的时候，理由中又多了一条——另一个女人。

爸爸和妈妈离婚了，妈妈和小女孩住在爷爷留给她的大房子里，过着并不拮据的日子。偶尔外婆会过来，她会叹着气说，终是重利薄情的人呀！

小女孩却不以为然，被他薄情的只是她和妈妈吧。对爷爷，爸爸还是重情的。有时小女孩也会想，如果爷爷还活着，生活是不是就不一样了？

我没有去见那个给我讲这个故事的女孩，有时路过那个房价贵得离谱的小区时，偶有驻足，也会想故事中的女孩住在其中的哪一间屋。

但是，这些都不是最重要的。

只要活着，生活就是一本还没有写完的书。幸福或是悲伤，都只是其中的一小段文字。不快乐的就翻过它，快乐的就多读一遍。当然，用积极的心态，把后面的人生书写得快乐不尽、幸福常在，那就更可取了。

毕竟，过去的终究过去了。

沉入海底的星星

6 月 6 日，爱眼日活动现场，我看到了一个戴眼镜的女孩，举着广告牌，上面写着：如果不爱惜你的眼睛，就会和我一样。

她的镜片很厚，稍微侧脸就能看到很多很多个圈圈，在阳光的折射下，显得很笨拙……

她读初二，眼镜1350度。她说摘下眼镜，就像置身在能见度不到10米的雾霾中，他甚至看不清自己的脚尖。

她不是天生的近视眼，小时候也和其他的小朋友一样，喜欢仰望天空，寻找银河，猜测哪个是牛郎，哪个是织女，也会用手指描画北斗七星的轮廓。

不过，这样看星星的日子很短暂。她先迷上电脑，后迷上小说，最后拿着手机不舍得放手，然后……

她迷上电脑完全是爸爸一手造成的。爸爸妈妈工作忙，有时下班后还要把工作带回家做，而她总是腻在爸爸妈妈身边，说："爸爸，我要骑马！"或是"妈妈，我要听故事！"

爸爸妈妈一个说："你自己搭积木不好吗？"另一个说："你的绘画书呢？"

哪有人喜欢日复一日毫无变化的游戏呢？小孩子更不会了。大人不答应，她就窝在一边不走，继续撒娇。

"爸爸最好了，就让宝宝骑骑马嘛！"或是"妈妈最疼宝宝了，就给宝宝讲讲故事嘛！"

两个大人被她闹得焦头烂额，爸爸只得打开电脑，在一个儿童网站注册了一个账号，告诉她鼠标点这个就可以听故事，点那个就可以听歌曲，换成那个就是打游戏。

儿童网站还是很关心孩子的用眼健康的，15分钟后就会黑屏，显示：让你的小眼睛休息一下吧。然后要隔个好几分钟才会显示。所以，老爸还是很放心的。

但是，爸爸想到了开头，却没想到结尾。

小学三四年级的时候，她已经把电脑玩得炉火纯青了，每晚心急火燎地做完作业，就扑到电脑上，不到12点决不罢休。这样一来，她白天难免会犯困，上课注意力不集中，而且黑眼圈很严重。爸爸妈妈这才发现事态严重，实在没有办法，就把电脑抱进了他们的卧室。

无事可做，太早又睡不着，她想到了一个催眠的办法——看书。却不想接触到玄幻小说之后，一个全新的世界令她兴奋不已，怕父母发现她晚睡，她就躲在被窝里，用手电筒照着看。

那时，班上已有不少同学的眼睛开始近视，配戴了眼镜。她属于比较早的一批。父母不解，都戒网了，视力怎么还降得这么快？她当然不会把真正的原因说出来。

上了初中后，她在学校寄宿，一个礼拜回家一次。为了方便联系，爸妈给她添置了手机。那对她更是如鱼得水，这下游戏有了，小说也有了。

“我现在已经没有机会再看挂在夜幕上的星星了，即便它们再调皮地眨眼，我也不能在夜空中找到它们了。我也不能玩手机这些电子产品了，医生说如果再没节制地看下去，我的眼睛就要瞎了。”她举着她的广告牌，高高地举过头顶，大声喊：“如果不爱惜你的眼睛，就会和我一样！”

她的声音里有发泄，有不满，有茫然若失，有痛楚不已，有很多很多她这个年纪不该有的心痛……

恶习原本就是生活中的双生花，不到“恶”的程度，就是单纯的小爱好，就像艳丽的罂粟，当风景看，是万分迷人的花朵，索取它的果实，却可以悄无声息地摧毁一个人的灵魂。我们年轻，偶尔被不良习惯晃一下眼也是可以理解的。但是，要懂得节制，别人是帮不了我们的，习惯的好坏需要我们去判断，去掌控。记住，不要轻易让自己失去太多。

太阳的边缘

见她的时候，她戴着大大的沙滩帽，帽檐下的近视眼镜宽大无比，把她的下巴衬得很尖细。

“我能不摘下帽子吗？”她问我。

外面，水滴从廊檐上滴下，落在水泥地上溅起小小的水花，滴滴答答。

她的话让我产生一种错觉：今天和我见面的不是一个高二的女生，而是一个国际大明星。

恍惚一会，才自觉失态，我慌忙说：“当然可以，当然可以。”心里却不免想：难道我当真老了，已经不知道沙滩帽可以在雨天逛街出游了？

不过，似乎是我多虑了，刨冰坊里很多目光朝我们这边扫过来。

她的表情绷得紧紧的，小声地问我：“我脸上的印记很明显？”

我仔细地辨认，才说应该是沙滩帽更明显。

她“哦”了一声，大大地松了一口气。

我看过她之前的照片，五官不丑，虽谈不上很精致，却也有些韵味，只是皮肤有些粗糙。

那时，她刚上初二，和同学去街上闲逛，被一个给美容院发传单的人拉住，动员她去美容院做个免费的肌肤测试。那个人说尽早知道肌肤的问题，才能更早地有所防护，知道如何去做，怎样去做。他还一再保证，所有的测试和咨询都是免费的，是新店开张，为了提升人气，做做宣传。

两个人怎么想都是天上掉馅饼的好事，又不要掏钱，就当玩呗，就屁颠屁颠地跟着去了。美容院的一个漂亮女孩接待了她们，说她是负责16岁以下少女业务的，有什么资质，接受过国际级的什么培训，获得过什么大奖，反正就是在这个小城市，她是少女美容的权威。然后，漂亮女孩就她们的肌肤问题，提了一大堆建议。

这让两个小女生膜拜得不得了，就询问有什么妥善的保养方法。女孩说用她们家一款面膜就可以了，因为和她们比较投缘，所以申请了两个免费试用的名额。女孩拿来两张面膜，给她们各贴了一张。等她们看到镜子里自己白皙透亮的肌肤时，欣喜若狂。女孩又给她们一张名片，又背着人在上面签了字，然后小声地说，凭她的签名，以后购买面膜可以打七折。

她原本是想出来买衣服的，最后想了想，还是把钱花到了面膜上。

礼拜一到学校的时候，有几个细心的同学发现了她皮肤的变化，大大地赞赏了一番。那之后，她对面膜就更狂热了。

“面膜原价也不是太贵，打折下来也就四五块钱一张，在生活费许可的范围内。可是没想到两三个月后，我的脸上起了很大的反应，起了很多小点点，用面膜贴一下就没有了，不贴就又出来了。一开始，我吓得不敢告诉妈妈，只好不断地用面膜拯救我的脸，人也变得忐忑不安起来，开始担心是不是面膜有问题。等妈妈发现我脸上的点点时，当即勒令我停用面膜，去医院就诊。那之后，就是漫长的就医之路。”

原本想成为太阳一样的女孩，却最终要靠一顶大帽子来找回自信。

我嘘唏不已。

每个少女都希望自己貌美如花，可是即便拥有再美的相貌，也抵不过心底的不自信。总想借着外力改变自己，却不知，含苞欲放的年龄，耐心地等待就是美丽的蜕变。

趁着时间还早，趁着外表还没蜕变，不妨先让心灵与灵魂得以洗礼，先于外貌升华。在照镜子的时候，你就会发现，之前异常在意的种种，只不过是过眼云烟。

而那时，在旁人的眼里，你就成了花海里最美的那一朵。

无关懦弱

梁书的胆小懦弱我是有所耳闻的。

中考结束，学生正好有时间，学校便准备开展几项活动，增加学生的社会实践能力，活动活动他们的筋骨。活动招募的现场，这个说你来我们这组，关怀老人是我们这一代必尽的义务；那个说你来我们这组，植树种花，虽不能流芳百世，却也能惠及后人。

梁书就站在风中犹豫了，结巴着问身边的同学挑什么好。好在一起的同学还算淡定，说就你这个娇弱的小身板还想做什么造福后代的事情，别到时出师未捷身先死。

同学替她报了一个卖冰棍的活，自己去烈日下派发传单了。梁书站在冷饮车旁，看着别人都在晒着大太阳流汗，再看看万分清闲的自己，甚是纠结，这样好吗？这样好吗？

其实对于梁书，远非工作清闲这么简单，因为在接下来上交收入的时候，梁书上交的唯一的一张五十元却是假的。事后同学问她："收到假币的时候，就没一点怀疑吗？"她说："还是有一些怀疑的，不过看着是一个衣着鲜丽的成年人，估计也不会对学生使诈，就释然了。"同学无奈叹息，说早知道就算让你晕倒在大街上也比收到假币要强啊！她说："梁书，以后你上了高中该咋办呢？"

梁书是家里的独生女，打娘胎里出来身体就比较弱，好不容易活了下来，很得父母宠爱。父母把她捧在手心里，就怕她有个什么三长两短。但凡累的、费心的事情，都会抢在她前面去做，她坐着就好。

她长这么大，没独自一个人去过超市、剪过头发、买过菜、做过饭……所以，和她约好见面的时间超出半小时，她还没到的时候，我就有些担忧了，这个孩子该不会迷路了吧？

等她气喘吁吁地站到我对面的时候，圆乎乎的小脸像点了胭脂一样，红煞一片。我还没询问，她就已经不好意思地解释："坐我外面的大叔不小心睡着了，我不好意思叫醒他，就多坐了两站路，原本以为时间还算早，哪知道跑回来却晚了这么多。"

"因为人家睡着了，你就不去打扰了？幸好只两站，万一很多站呢？"我意外于她的说辞，追问道。

她偷偷看了我一眼。"我有想过，如果第三站再不醒，我就叫醒他。"然后，她又小声地说："你生气我迟到了？"

她这一问，我乐了。我忙解释说生气倒没有，只是觉得这样的思维方式不对。

我和她打比方："就像学校开运动会，运动员明明已经跑到终点了，却因为看到裁判的笔掉了，他就不跑了，非要等裁判捡起笔了再跑过去。"

她吃惊地看着我，说："那人比我还傻。"

因为她说了"傻"这个字，我反倒不能把话题继续下去了。原本我想说"你们的本质其实是一样的，主体明明是自己，却偏偏因为别人改变了自己的初衷。"

不过，我还不想就此放弃和她见面的初衷，开始和她讲一些勇敢、自信之类的话题。

她听得很认真，有时也探讨几句，但并不热烈。直到我准备离开的时候，她才万分无奈地说："其实你说的那些我都懂，我也知道我比较懦弱怕事。但是我没有和人接触的经验，开口说话就紧张。其实，我今天已经很勇敢了"说完，她摊开她的手掌给我看，手心里布满了细汗。

我看着她，点点头。想想这动作还不足以表达我的心情，又补充道："其实你已经做得很好了，只是我觉得你可以做得更好，所以对你期望很高。”

她“哦”了一声，笑得很明媚。

几个礼拜后她打电话给我，说一个人在肯德基啃鸡腿，是她第一次一个人去。她还偷偷对我说，那天出来见我，也是她平生第一次一个人坐公交车。此时，我就想，我错了，一开始我就对那孩子太苛刻了。

自己的孩子不是用来和其他孩子比较的。别人家的孩子会做饭，能考第一名，又获奖了……这些都是别人家孩子的成绩。我们要看的是，自己的孩子有没有比之前进步。以前做作业的时候要看电视，现在不看了就是进步；以前考试考 40 名，现在考 38 名就是进步；以前怕运动，不是坐着就是躺着，现在愿意散步 10 分钟了就是进步……

都市牧羊人

她家的别墅，红瓦青墙，在市区中心处别墅区的最前端。小桥，流水，三两棵桃树，碧绿的小竹林。桃花盛开的时候，白的白，粉的粉，红的红，绿的绿，别提多抢眼了。经常有婚纱摄影店，带着新郎新娘站在围墙外拍外景。景致是别人的，落在镜头中就是自己的。

洗出照片后，常有新娘感叹，以后有钱了也要买幢这样的大别墅，遇到善解人意的，就会顺着接话：“也要挖一条流水，造一座小桥，植上几棵桃树和梨树。”也有不解风情的，慢悠悠地说：“这么大的地方，种几棵菜、养两只鸡也不错。”

她就属于不解风情的。

婚纱摄影照拍得正起劲，新郎新娘正含情脉脉、你中有我、我中有你的时候，突然桃树下跑出来一只小山羊，对着镜头咩咩叫个不停。

瞬间所有的兴致都被破坏了。

其实一开始，她也并不是不解风情的人。爸爸买下这幢别墅后，对树啊花啊之类的设计，她也是出了三分力的。那时，她还在上初一，有着小女孩爱美的天性，站在自家楼前拍张照片晒晒，或者站在桃树下对着镜头浅笑，以便在朋友圈博一个赞。

晒照是女生很热衷的游戏，无可厚非。也是凑巧，一次闺蜜来她家玩，饭桌前，她和闺蜜对着镜头摆了一个大大的心形，放在朋友圈晒甜蜜的时候，有眼尖的伙伴问：桌上那道什么菜？她才发现背景上的那道红烧山羊肉果然卖相十足。小伙伴开玩笑地说：“你家庭院够大，够养几头山羊了。年头养，年尾吃，多好啊！”

原本的玩笑话听到她耳朵里就不是玩笑了。她仔细想了几天，觉得小伙伴说得挺在理，再说自家养的山羊，不会喂激素什么的，应该更绿色健康。她越想越可行了。

她把想法说给妈妈听，一开始妈妈是反对的。然后她就改变了策略，打亲情牌，说自己从小到大没养过宠物，突然对一种小动物感兴趣，做父母的就不能满足一下孩子的小心愿吗？

她呲着牙笑。“妈妈哭丧着脸说，羊算小动物吗？不过，他们还是满足了我的愿望。爸爸从养羊场买回一只小羊羔，又买回了一些干草。”接着，她很神气地问我：“你见过小羊羔没有？全白的，小胳膊小腿，很萌的。妈妈爱干净，顶多过去给它喂一把打碎的干草。我就不一样了，有时间就拔一些新鲜的草给它吃。你还别说，它还是很聪明的，见到我放学回来就咩咩叫，没圈养起来的时候，还会追着我跑。所以，我给它取了一个名字叫小跑。”

她一个人絮絮叨叨地说了很多很多，我没有打断，一直很认真地听着。

后来，偶遇她的妈妈，说起小跑，她妈妈感叹道：“养了小跑后，我发现她最大的改变是有责任心了。她回家就会看小跑，有时间就去拔草。我觉得吧，能够融入到你生活中的宠物，都不是可有可无的存在，它会不知不觉地影响你、改变你。”

写这个故事的时候，她又在晒她的照片，小跑趴在她的身边，很乖巧。

生活是很具喜剧性的，有些改变，只要一个转身的时间。

又一年雨季

“很多人说有钱就幸福，我却始终不认同这种观点。”她把她的衣袖稍微整理了一下，“那只是一种心态，我就是一个普通人家的孩子，同学们暑假寒假不是去这个国家玩，就是去那个国家玩，我连护照也没有，也没觉得不幸福。”

她很平静，从她脸上看不出丝毫的忧愁。“我家是从榕树小区安置到现在的小区的。你应该也知道，榕树小区是多老的小区。那里的排水系统很不好，大雨下不到半小时，积水就能没过脚背了。这是很多住在高档小区的同学不能想象的。可是我和我的小伙伴住到我 15 岁才离开。离开的时候，我们哭得稀里哗啦的，再好的小区没有快乐也是徒然呀!”

她抿了抿嘴，身体有节奏地摇摆了几下。“每次大雨停了，我家隔壁的皮猴王总会过来找我一起去楼下试试水深，有时我还没做完作业，不想去，他总会找到很多个理由。我总拗不过他，等我答应了，他就会一溜烟跑回去换鞋。我总不明白，明明是准备下去趟水玩的，为什么不直接换了鞋过来呢?那时我笑他笨，后来和他妈妈交流了才知道，哪是什么换鞋呀，他是回家请假，他跟妈妈“说‘隔壁家的丫头又要下去趟水玩了，一定要找我一起去，烦死了’。原来笨的那个人一直是我。”

她笑着看着我。“上个月，我遇到他，追问他这个事，你猜他咋说的？他说他自己要去玩，非给他妈妈骂死，能用的免打牌干吗不用？”

“感觉你们的生活挺有意思的，现在一起这样玩的很少了，一般都玩电脑、看电视。”我笑了笑。

“穷呗。嘿，我们几个小伙伴家里都只有一台电脑，被父母当宝贝一样地私藏着，仅有的业余爱好就是看电视机。空闲的时间一直对着电视，多少有些无聊的。所以穷是好东西，可以更好地和小伙伴一起玩耍！”她陷入回忆状，“楼下还有个女生，比我大了一岁，比我还喜欢下大雨，说是水从河岸上漫出来，就可以抓鱼。这个观点和皮猴王无限接近，所以大凡有水溢出来的时候，他们就会直接撇下我，去逮鱼。反正屡战屡败，屡败屡战，奋战了很多年，我从没见着他们逮过大鱼。每次回来的时候，他就抱怨那个女生，说女生真没用，没抓到鱼还这么高兴。又说和女生组队真没意思，女生又怕脏，力气又小。有一次，他们倒是抓了一只小龙虾，他兴高采烈地拿回去，却被他妈妈骂了一通，后来也就不热衷玩这个游戏了。”

她依然沉浸在回忆中。“我们几个都上初中了，一天又下了大雨，不能骑车，得走着去。那时，我们小区附近新开发了一个小区，那里有个大网吧，我们几个一合计，就屁颠屁颠地跑去网吧了。没想到老师看我们到点了还没过去，就给家里打电话了，然后我们三个人就被家长拎回去了。我记得当时妈妈问我为什么不去学校，我说因为下大雨积水了，骑车不安全。我妈又问以前下雨是不是都不去学校，我说这不一样，那时还没有网吧。然后，我被妈妈狠狠骂了两个小时，罚写了两百遍‘我错了’。”她笑得很灿烂。

突然，她皱起眉。“现在听一些同学抱怨这个，抱怨那个，我就觉得很奇怪。生活怎么会无趣呢？不管是简单的事情，还是复杂的事情，只要自己认真参与进去了，都是快乐的。我这么想，可能因为我是一个简单的人吧!”说完，她又笑了起来。

生活原本就是由很多个平凡的日子堆积而成的，或有大起大落，但在轰轰烈烈的背后，有太多我们看不到的烦恼和揪心，离有趣差着十万八千里的距离。在平凡的日子中挖掘出趣味，才是真正的生活。

卑微的小蚂蚁

六年前，她只是一个很普通的学生，没有出众的相貌，没有很强的背景，没有突出的学习成绩。她只是有些小运气，被重点初中的校长读到了一篇她发表在校报上的小作文，一口认定她是一个与众不同的孩子，将来一定会有所成就，便破格录取了她。但她的基础毕竟一般，和班上的高才生有一段距离，以致每次考试都是最后一名。

同桌断然不会相信这样一个资质平凡的人，会被校长因为某些并不突出的特长相中而特招，一口咬定她是通过其他关系进来的，所以常轻蔑地对她说：“这样的成绩进了名校又能如何呢?”

这句话是很具杀伤力的，几乎每次都差点逼出她的眼泪。她的话越来越少，在一群高才生面前，卑微地就像一只小蚂蚁。好几次，她拿着试卷，憋着泪责问妈妈：“为什么要去那个学校呢? 为什么要去那个学校呢?”妈妈总是耐着性子安慰她：“校长能破格录用你，肯定是因为你有独特之处，只是现在你还没有发现你自己的不同罢了。再说，你考得原本也不差，只是同学太优秀了，和一般的同学在一起追求一个心理平衡，还不如与优秀的同学作最真实的比较。毕竟升学考试的时候，和你竞争的不是在你后面的同学，而是排在你前面的同学。”

妈妈的话起了一点点作用。两个月后，她发现她的英语成绩竟然超过了班上的一个同学，成为倒数第二。

这样的成绩在别人眼里什么都不是，但是却让她看到了曙光。此后考试，她进了一名，又进了一名。等到毕业的时候，她已经脱离了最后几名，虽然仍是中等偏下，但她已经很高兴了。

在班上的成绩虽不怎么样，但毕竟身处名校，和自己班的同学不能比，但比普通初中的同学还不算太逊色，最后她以中等的成绩进了一个二流高中。

同桌自是被本市最好的高中录取了。拍毕业照的时候，同桌还刻意和一个同学换了位置，说不要和没能力的人站在一起。

她在同桌眼里一直是一个没能力的人！

不知道是见证了自己的进步，找到了自信，还是当真被这句话激怒了，她咬着牙说："我会让你刮目相看的。"

高中三年，她读了不下两百本课外书，写了两百多篇文章，被报纸杂志录用了近一百篇。某杂志还破天荒地为她开了专栏，连载她的小说，出版社还准备为她出书。她拥有了数以万计的粉丝。粉丝们记得她的生日，每次考试前给她祝福，考试后给她鼓励。她以别人不能理解的状态爆发着。

当年的同桌却没有在高中三年一帆风顺下去，在巨大的竞争压力下，她丢盔弃甲，只考了一个二本大学。入学前，在银行办银行卡遇上的时候，同桌的眉挑得很高。"呀，没想到你也能考上大学呀，够着三本了吗？不过我觉得对你有些难度，专一专二才差不多。"

她没有说话，亦如当年一样，沉默不语。

同桌满足地走了。

一旁的表姐很生气，质问她："为什么不告诉她你考上了一本？"

她笑了。"我考上一本，我很开心。但是这和她考二本是没有关系的。我的一本，只是我人生的一部分，和她完全没有任何关系。我犯不着借着这个高调。再说，即便我高调了，于我也没有实质的好处。但是如若我今天的卑微能让她走出低谷，虽然她不知道，但是于我也是很有意义的事，会让我觉得幸福。”

我们总说我们要坚强，要强大到给别人看。但是，当我们强大到一定程度的时候，就会发现，强大只是自己的信念，真的和别人无关。我们完全可以强大到，把卑微当作一种善良。

继　父

母亲把那个男人介绍给她认识的时候，她说了两句话。第一句是“欢迎你成为我妈妈的男友”，第二句是“但愿你能成功成为她的丈夫”。

男子看着她，神情颇为古怪。

后来她才知道，那时，那男子并不是她妈妈的男朋友。倒是她的话提醒了那个男子，身边的这个女人还不错，值得他用心去呵护。男子开始对她妈妈展开爱情攻势。

她坐在我的面前，像是说着别人的事情。讲着讲着，她突然用手捂住嘴巴，掩住笑声，却没掩住盛开的眉梢，最终功亏一篑。

“他天天给我妈妈送菜。今天送半斤虾，明天送一个鱼头，后天再送一把小菜。我妈竟然抵不住这样朴实的攻势，就这样沦陷了。”说到这，她又忍不住大笑了几分钟，才收住笑声。接着，她一脸严肃地问：“你能不能想象，一个大男人，每天早上比闹钟还准时，到点就来敲开你家的门，什么话也没有，递了一把菜就走了？”

我跟着她笑，显然她的情绪很不错。

妈妈和那男子结婚的时候，当着所有宾客的面，她又说了两句话。第一句是“欢迎你成为我妈妈的丈夫”，第二句“但是你仍然不是我的爸爸”。

男子吃惊地看着她，很难堪，却还是很男人地拍了一下她的肩，说：“但是你是我的女儿。”

男子说得掷地有声，但越这样，越不能排除他作秀的嫌疑，她冷冷地看着他。一旁的妈妈怕她再说出什么大逆不道的话来，轻轻地叫了一声她的名字。

毕竟是妈妈的婚礼，她没舍得让妈妈更难堪。

那之后，原本每天送菜过来的男人，现在经常在家围着围裙给她们做菜了。但他显然不是做菜高手，不是切的菜长短不齐，就是做菜时油花四溅，地上什么都有。菜的口味更是不要提了，不是咸就是苦，难吃不说，有次做饭他还差点把厨房给弄着火了。

那天，她在房间看书，突然听到一声尖叫，她跑出来，炒锅里正燃着熊熊烈火。男子看到她出来，第一句话竟然是：“你先出去，这里不安全。”

她没接他的话头，跑过去，盖上锅盖，关上煤气阀门。她的娴熟把他吓了一跳，他问：“你怎么懂这么多？”

她带着鄙夷的口气说：“因为我是没有爸爸的孩子。”

这件事男子在饭桌上讲过很多次，感叹她能干的同时，一再保证，他一定会善待她们母女。她不屑地说：“先把菜做好了再说吧。”

她不知道她的话有没有起作用，慢慢她就发现他做的菜越来越像样、越来越好吃了。

妈妈私下告诉她，男子晚上睡在床上都在琢磨菜谱呢，想着如何把菜做得好吃。

这种小男人的作风，落在她眼里并不是很讨喜。好在妈妈很受用，她也就没有过多地表达自己的不满。

那时，老师要求以“我的××”为题写一篇作文。她写过很多次的《我的妈妈》，这次她心血来潮写了一篇《我的叔叔》。当然文中的叔叔，就是她那上不了台面的继父。因为本身不是太喜欢，所以完全就是调侃的叙述风格。因为很少有人这样写亲人，老师觉得颇为新颖亲切，便在教室读了一遍她的作文。同学们笑得很开心，都表示很喜欢她的叔叔。

她万分不解，这样的一个小男人有什么值得喜欢的？

她想不明白，就把这个问题抛给了老师。老师认真地看着她，说："如果对家没有投入，他完全可以当旅馆一样，整点出去，整点回来。吃饭了，就外面买两个菜，偶尔出去吃一两次，保持他清爽大气的形象就够了，又怎么会让你看到他小男人的一面呢？"

她深以为然，回去再看到他忙碌的时候，突然就有了不一样的情绪，这个男人原来是真的爱她和妈妈呀！

那个当初说男子不是她爸爸的孩子，终于在一天男子给她做完一碗热气腾腾的生日面后，哽咽地叫了他一声爸爸。

因为听多了《白雪公主》《灰姑娘》之类的童话，我们对那个后来的亲人总有莫名的抵触感，带着刺来自我保护，最终让自己伤痕累累，生活得不太幸福。我们可以尝试着收回自己敏感的触角，用自己的心去品读生活中的琐碎，或许有些感觉就不一样了。

※ 成长，藏在阳光背后的风景

书里的世界

她是同学们心目中的楷模。

同学们说："她呀，完全就是天才，每次面临大考，我们总会临时抱佛脚，端着书想着多复习一点，能复习到一分是一分。可是她呢，相当自信，压根没把考试当回事，该锻炼就锻炼，该学习就学习，该休息就休息，这么悠闲却总能轻轻松松地拿到前三名。"

她是老师们眼里的特优生。

老师说："一般我们都不提问她，除非问题很难，没人能回答的时候才会提问她。她是个很神奇的孩子，看上去慢条斯理的，脑子却绝对好使，再难的题目，略微往解题的方向一提点，她就会了。"

有了同学和老师对她的评价，见面之前，我认真地构思了一下她的形象：偏胖，短发，戴着眼镜，双目散发着智慧之光……可是等她当真站到我面前的时候，我却惊诧地发现，除了戴着眼镜这条符合外，其他的，一条都不占。

她扎着两个马尾辫，皮肤有些粗糙，身形偏瘦，没有聪明人那种夺目光彩，看上去很随和。走过来的时候，她很礼貌地叫了我一声“阿姨”，脸上挂着笑，手交叠着放在身前，腰挺得直直的，表情则多少有些木讷。看上去，她完全没有好学生的从容和自信，更不要提那种天之骄子的霸气了。

我尴尬地笑了一下，她也咧嘴笑了。“是不是有点失望？就像买了一款广告打得超级棒的护肤品，希望用一天就会脱胎换骨，肤若凝脂。结果一擦抹，惊喜没有来，惊恐却来了不少，咋一脸痘痘呀！嘿，反差是不是很大?”

我大笑。“哪有这么大的反差啊，只是和我心目中的天才模样有一点点距离。”我抬起手，用拇指和食指比划了一个几乎可以忽略的距离。我接着补充道：“缺少了一点点金光闪闪的感觉。”

“呀，出门的时候，我忘了撒金粉了。”她摆出恍然大悟的表情。似乎并不是太满意目前的位置，她略微移了一下她的椅子。

“我才不是什么天才呢，天才应该是过目不忘、举一反三、有强大悟性的。我哪有那么厉害呀，我平常都是很努力的。”配合着她的话，她作抹眼泪状，放下手的时候，眼一闪，不经意间一丝狡黠从眼中溜了出来。“其实我也并不是一开始就喜欢读书的，只是有一天我悟出了一个道理。小学、初中、高中，总共才 12 年，再辛苦也就这 12 年。我用 12 年来投资未来几十年相对安逸的日子，这不亏呀。现在不是都在讲投资吗？其实我这也是一项投资，收益差不多就是 5 倍，或 6 倍。而且考虑再多一点，这还能提高我自身的能力，以后选男友也能要求高一些，对下一代绝对有好处。这样一想，瞬间就动力满满了。”

我被她的风趣逗乐，还没来得及参与，又被她的这席话折服，颇为佩服地竖起大拇指，说：“你这么大的孩子很少有这种领悟的。”

“嘿嘿，阿姨是在表扬我是一个早熟的孩子吗?”她嬉皮笑脸，不过一瞬就收敛起这种表情。“还有一点，当你当真投入到书中去的时候，这种快乐不是一般言语可以形容的。宋朝那个叫赵恒的皇帝，不是说书中自有黄金屋、书中自有颜如玉吗？书能带给我们希望。不过，我个人认为吧，知识原本就不比黄金差，书本的吸引力不输美人颜呀！”

分开的时候，我由衷感叹：“你是我见过的所有学生中，最爱学习的一个，没有之一。”

她笑了。“我最用功吗？”

“比你用功的有，比你成绩好的也有，但是，有你这般悟性，并且把学习完全当成乐趣的却……”

我没有再说下去。她明白我说的话，用力点头，并自信满满地说：“为了你的没有之一，我会继续努力下去！”

她又恢复成内敛木讷的表情，伸手朝我挥了一下就走了出去。

不把学习当任务，而是把学习当作对自己人生的一种投资，那么学习时是不是就有不同的心境了呢？

走钢丝的木偶人

对于我们这次的见面，她比较排斥。

她愤愤地说：“你们大人真的太好玩了。我不认真读书吧，你们就觉得我不求上进。我认真读书了吧，你们又认为我现在的状态不对。我都不知道我究竟要认真读书好，还是不认真读书好。”她的腿交叠地放在一起，轻轻抖动着。

我轻轻地敲了一下桌子，问道：“那么，你喜欢不认真读书的自己，还是喜欢认真读书的自己？”

她没想到我这样问，眼里一片迷茫，过了一会才说：“我有选择的权利吗?”

我没有说话。

以前的她并不是太爱学习，刚入初中的时候，她还延续着小学时的习惯，迷恋着柯南，线上不停地追剧，线下追漫画。每逢听到一件什么事情，她都会摸着下巴高深莫测地说：“这件事表面看是这样的，但是实质就不好说了，很可能不是大家看到的那样……”然后哇啦哇啦地一通分析。到最后，真相什么的反而都不要了，重要的是她的笑容很真，看上去很开心。

一度，爸爸妈妈也是很喜欢她这个样子的。可是几次考试下来，爸爸妈妈就觉得再这样发展下去就不行了。

“别人家的孩子都在那些教育机构补课，自己家的孩子老是追剧，心思不在这学习上，怎么想怎么不踏实。”所以，初一开学一个月后，她就被爸爸妈妈塞进了补习机构的大教室。

一开始，她还在那向往补课回来就可以看《柯南》了，慢慢她就明白，这完全就是做梦。

她看《柯南》的时间，被妈妈拉去补课了；她看漫画的时间，被爸爸拉去做奥数了。她追问：“什么时候可以看《柯南》?”妈妈说：“你的学习已经很好，不需要复习了吗?”爸爸说：“人家李叔的孩子咋就没这么多不必要的想法，一天到晚不是背书就是做题?”

她恳求道：“那如果我这次数学考了90分以上就让我看一集，好不好?”妈妈边摇头边说：“等到什么时候考满分我就答应你。”

她最接近满分的一次是99.5分，但是半分之差并没有得到爸妈的额外开恩。那之后，她就放弃了为柯南而努力。

她现在做爸爸妈妈的好女儿，他们说去补课就去补课，他们说参加什么训练就去参加什么训练，他们说好好学习就好好学习……她再也不提柯南，爸爸妈妈羡慕的李叔的孩子的模式被她借鉴了过来，她没有不必要的想法，一天到晚不是背书就是做题。

“爸爸妈妈不是一直向往我做这样的孩子吗？我当真变成这样的孩子了，他们却又怀念我之前活泼可爱、调皮捣蛋的样子了。这个世界怎么可能有鱼和熊掌兼得的事呢？”她望着窗外匆匆行走的路人，喃喃地说，“有的时候，我就想，路上行人这么急促的步伐，并不是他们自己习惯的节奏，只是被人为地牵引着，就像木偶人，被看不见的线拉扯着。线的那一头，或者是责任，或者是希望，或者是野心……或者如我一样，是父母的爱。现在想来，自己最初的想法其实已经不重要了，重要的是如何坚持下去。”

那天晚上，我做了一个梦，梦到一个木偶人走在钢丝上，面无表情地走了一步，又走了一步。

醒来之后，我就一直在想一个问题：在教导孩子方面，我们到底要给孩子们多大的自由？这个没有一定的标准，但最起码的一点是，我们不应该借着爱之名，用暴力去强迫孩子一味地按我们的方式走下去。孩子不是替我们圆梦的机器，他们有他们自己的人生。

我们可以引导他们选择人生道路，却不能规划他们的人生。不要让孩子成为没有灵魂的木偶人。

急促的步伐

初一的时候，她很讨厌英语。她利用在线翻译给老师写了一封自以为才华横溢的英文信，指责英语老师是中国人的叛徒，不去国外大面积推广中文，而是在国内大肆推广英文。她还说，让学生学英文，加大了学生的学习压力，却又没有太大的实用性……

老师看完信，皱着眉说了一句话：“语法错误太多，用中文写估计更能表达你的意思。”

她第一次知道了原来在线翻译和天气预报一样，不是太靠谱。

初三的时候，她在网上看中了一双看似价廉物美的鞋子。接下来，她努力了两个月，学习总算有了一些进步，作为爸妈的奖励，顺理成章地拿到了那双鞋子。拿到后，她才明白所谓的价廉是对土豪而言的，所谓的物美是对普通大众而言的。也就是说，鞋子质量很一般，价格不亲民。为了挽回自己的损失，她放松了一个月，让成绩又退了回去。

高二的时候，文理科分班。为了表示自己对友谊的重视，她果断地放弃自己的强项，屁颠屁颠地跟着同桌来到了理科班。结果，同桌被分到了五班，她被分到了六班。同桌问："你后悔吗？"她一本正经地摇头，说："出发点是对的，所以不后悔。"其实，那个时候她后悔得肠子都发青了……

高三的时候，她仍在朋友圈里晒心情：今天吃了什么菜，今天遇到了什么好玩的事……同学说："你爸妈怎么准许你玩手机呀？"她坏笑着说："山人自有妙计！"

她享受着同学们羡慕的目光，却没有注意同学们在飞速进步。有一天，等她有所发现的时候，为时晚矣。

我见她的时候，她坐在复读班的教室里，没有了当年的从容与放纵。

"听老师说你很认真，差不多每天都是第一个进教室，最后一个出教室。"我问。

"是啊，不能一直不懂事嘛！"她把手里的书合上。我扫了一眼，是一本她自己购买的数学配套练习试卷。

"课余的时候都在做题？"

"嗯。以前明明有那么多题不会做，却觉得自己很厉害，没有原则地玩乐。现在用心学习了，明明比以前懂了很多，却发现不会做的题还有那么多。现在我不想其他的，就想着怎样把不懂的搞懂，怎样多考几分。”她边说，边扭了几下脖子。

“你的变化太大了，我能认为是因为经历了一次失败的高考的缘故吗?”我想了一下，还是提到了这个敏感的话题。

她认真地想了一下，说：“不排除这个原因，毕竟和我一起经历高考的同学，很大一部分都在上大学了。我属于被淘汰下来的那部分，在高考大军中处在末尾。之前没有发现，但被高考这根竿子一挡，瞬间就看到了彼此间的距离。而那个距离就是我现在要努力去追赶的。不但有知识，还有时间。我已经错失了一年，再也经不起浪费了。我现在想着吧，如果我可以考一个好一点的大学，那么或许就可以在就业问题上少走一些弯路，也算挽回了一些时间上的损失。”

她不安地看了一眼手表，又看了一眼我，接着说：“我现在觉得，时间就是金子。呵，不怕对您说实话，您也别介意，我觉得现在和你聊这些话，花这么多时间，有些奢侈了。当然，我本身对您没有恶意，而且也是很喜欢你的，但是——还是忍不住心疼。”

我赶紧站了起来，知趣地退了出去。

她不好意思地说再见，还说很喜欢我，希望以后还有机会接触之类的。但我还是看到她在说这些话的时候，手指已经迫不及待地把那套数学配套练习试卷打开了。

我有些辛酸，但更多的是欣慰。

我想起了龙应台写给安德烈的一句话：孩子，我要求你读书用功，不是因为我要你跟别人比成绩，而是，我希望你将来会拥有选择的权利，选择有意义、有时间的工作，而不是被迫谋生。

没有谁可以决定谁的命运，如果现在走快点能改变自己以后的人生，那么走快点当然没有错。

流动的时光

从初一到初三，她一共转了六所学校。

在她同学的微博看到“转学达人来我班啦!”之后，我有些不知所云，就问她同学：“什么意思?”

“我们班中途来了一个新同学，她自我介绍说转学四次了，这次是第五次，我们学校是她经历的第六所初中了！太震撼，有没有?”

我有冒汗的感觉，不确定地说：“新同学的玩笑吧?”

“没有，老师肯定她的说法了。天哪，反正都把我们折服了。”她絮絮叨叨地说个不停，“她说不喜欢第一所学校的伙食，不喜欢第二所学校的建筑，不喜欢第三所学校的厕所，不喜欢第四所学校的校规，不喜欢第五所学校的操场……我们都觉得她就是个吹牛大王，你说哪有这么多的古怪理由呀……”见我没有太大的反应，只是淡淡地嗯了一声，她又不服气地补充说：“你不要这么淡漠呀，不是在找素材吗?这个姑娘也算比较特别的了，搞不好会让你有意外的发现呢!”

这个建议，貌似还不错。我决定联系这个女生聊聊。接到我电话的时候，她兴奋得不得了。“哇，这是采访吗?会拍照吗?可以不穿校服吗?等等，要不要再买个假发套，学校要求严厉，现在的发型太难看……”

我尴尬地打断她：“其实，完全不用这么复杂，我们的见面没这么正式，只是随意聊一下……我不是报社的记者，不会拍照，可能会录音，但是，即便这样，也不一定会写进我的故事……”

她拉着尾音，长长地“哦”了一声，突然又兴奋地叫了起来：“那我能给你拍照吗?”

我愣了一下，好半天才反应过来，忙说：“当然，当然。”

虽然对于她活跃的思维，有了一定的思想准备，但是真正见到她的时候，我还是吓了一跳。坐下后，话语掌控权全握在了她的手中。

“阿姨，你肯定是听说我转了很多次学才找我的吧？”

“阿姨，我编给他们听的转学理由好玩不？”

“阿姨，你学习的时候就没有过什么奇怪的想法？比如怎样从家里飞到学校？”

“阿姨，你觉得这个世界上有不需要学习的学校吗？”

……

我觉得我真的有些跟不上她的思维，最后好不容易才从她那截到话头，说道：“直到现在你还没有告诉我你为什么一直转学呢！”

她的身体斜倚在桌上，手掌托着脸颊。“其实也没有那么多原因，我一直在找一所可以尽情发挥学生专长的学校。除了固定的课程外，可以凭自己的喜好选修一些课程，可以种植花草，可以剪纸，可以绣十字绣，可以画画，甚至可以做木工……但是，好像没有哪所学校可以让学生如此自由地发挥，都是把学业放在第一位。”

我翻了一下手里的资料，说道：“你去的第三所初中，虽然没有你说的那些选修课程，但是每周有四次不同的社团活动。这所学校里课业并不繁重，曾连续六年被评为学生最喜欢的学校。你去的第一所初中，所在的班级有两个老师是全国优秀教师，上课颇为风趣幽默。你去的第四所初中……”

她的头警觉地抬了起来，叫道：“你调查过我！你还知道些什么？”

我摇头。“听说你初中转了六所学校，我去验证了一下这个消息的真实性，并对这六所学校做了一番分析。”

她生冷地盯着我，过了一会才如释重负地笑了起来。“一直装着很享受转学，是很累人的。你应该猜出我为何一直频繁转学了吧？我只是不好好读书，借着不断转学，给自己糟糕的成绩找个借口罢了。让你们以为我不是学习不好，而是不太适应新环境。初中毕业后，我准备去找个美容学校学美容，以后开个小小的化妆室。这个世上，不是每个人都适合学习的，我就是其中之一。我明明知道这个，却还是想极力伪装，因为怕别人笑话。”

我写这个故事的时候，她已经坐在了某个美容教室的课堂上。她给我看她自己的彩妆照，很开心地对我说，等她学有所成的时候，她一定要给我化一次妆，那时我一定会非常漂亮。

她的自信又回来了。

这个世界上，不是每个人都和学业有不可分割的缘分。如果实在不能融入其中，不妨尽早打算，给自己另找一条出路。人生不能复制，与其碌碌无为地耗下去，还不如抓紧时间，发现自己的强项，活出精彩的人生。

祈使句也是一种态度

在学校里，她学习并不冒尖，但是性格好、有礼貌，在师生中的口碑不错。

“我小的时候，嘴巴比较甜，乐意和长辈交流，他们也就喜欢逗我。常说的一件事是，他们骗我说爸爸妈妈不要我了。我说他们不要我，我也要他们，我们是一家人，把他们逗得哈哈大笑。之后，他们就经常用这句话调侃我，说我是个很可爱、很聪明的孩子，上了学学习一定倍儿棒。”她两手的中指按住鼻梁，闭着眼，上下按摩了几次。

“那时我也是这么认为的。可是，一年级下来，我的成绩并不冒尖。那些叔叔阿姨说孩子还小，目前还看不出来。我和爸爸妈妈也这么认为了。可是到了初一、初二，我还是保持之前的状态四平八稳地

发展的时候，爸爸妈妈就受不了了。我感到了来自他们的压力。有一次，我一边做作业，一边哼歌。爸爸什么话也没说，一个箭步过来，抓起我的书包就扔了出去。他说我既然这么无心做作业，就不要做了。”她苦涩地笑，“爸爸的样子很狰狞，让我觉得可怕。那个时候，我就知道爸爸妈妈对我学业的忍耐已经达到极限，我不能再挑战他们的耐心了。”

她长长地叹了一口气，接着说：“其实怎么说呢，我上课也不走神，作业也能按时完成，脑子也不算笨。态度上，谈不上很认真，也谈不上不认真。虽说学习是和智力有一定联系的，但联系也不是太大。毕竟天才不多，更需要的还是后天的勤奋和努力。爸爸那次扔书包把我给砸醒了。那天之后，我勤奋了很多。如果不是这样，我还真不知道还能不能坐在高中的教室里。只是，进入高中后，我发现自己心有余而力不足，计划很多，想今天做多少多少题，想这次月考能达到什么名次，可是，真正实施下来，好难哟。”

她平复了一下焦躁的情绪，继续说：“一开始，爸爸妈妈还希望我考所211大学，后来觉得一本就挺好，现在觉得二本也行，先读着，以后可以再考研。我努力地维持着现在这个成绩，争取考个二本，然后按照父母预先设定的那样，毕业后再考研。这样更符合我现在的实情。”

“这计划也蛮好的，并不算太冒进。”见她沉默，我接话。

“嗯，是没有冒进的资本。”她低着头说，“如果家庭更宽裕一些，或许我会选择复读。多一年时间学习，总归要好一些，但是，多读一年，还要晚一年出来工作，父母耗不起。比较下来，还是这个最切实际了。”

接下来，她一直在重复自己的计划和自己的选择。我发现学业已经成为她生命中最重要的一个环节了。

我认真地听着，没有过多地参与她的话题，但是我知道，她爸爸那次摔书包，是摔对了。

每个年龄段考虑问题的角度都是不一样的，处在贪玩的年龄，即使知道学业的重要，让他一心投入其中，却不是易事。能某天早上从睡梦中醒来，突然大彻大悟的毕竟少之又少。所以，做大人的不要一心巴望孩子有一天突然醒悟，突然懂事，突然发现学习对他很重要。那些都只是美好的想象罢了。

在孩子明白切实的事理之前，大人有引导和督促孩子成长的责任。孩子需要鼓励，也需要批评。我不赞成棍棒教育，但也不支持一味进行鼓励教育。人不可能一辈子都一帆风顺，逆境就是逆境，不足就是不足，不需要欲盖弥彰地说："没事没事，我们继续观望，继续努力。"

有的时候，大人也要学会用祈使句，告诉孩子："请你回到你的座位，认真看书!"学习是严肃的事，用严肃的态度有何不可呢?

天　路

她的成绩在班上并不突出，但理想却一直没有变过，就是想上上海复旦大学。这个想法常引起同学的嘲笑，说她是做着白日梦的蛤蟆姑娘，她气得泪眼婆娑。但她还是坚定地说："就是上海复旦!"

并不是只口头说说，她的确很努力，记课堂笔记她可以做到一字不差，题目不会的也能及时提问，但有时明明相同的题型，所给的条件换了一种说法，她就可能审题不清了。归根结底，这才是成绩提高不快的症结所在。

她也知道问题出在哪里，知道自己现在的能力如何，但却执念很深，非复旦不去。

最初听说她故事的时候，我觉得这孩子咋这般死拗呢？制定偏离自己能力的目标有意义吗？再说，想法完全可以藏在心里的，为什么一定要说出来受气呢？

所以，和她见面前，我给她预先定位：诚实、固执，又有些脱离实际。

她梳着很常见的马尾辫，没有留刘海，光洁的额头露在外面，看上去很精神。她说话声音很小，有时仔细听还是听不清，好在并不影响理解。

闲扯几句后，我就把话题扯到了她的理想上面。

“听说你的目标是考入上海复旦大学，为什么会有这样的想法？为什么一定是上海复旦大学？”说出这句话的时候，我没有看她的眼睛，只是很随意地拿下眼镜，抽出纸巾，擦拭了一下。

我不想给她造成压力，只想倾听一下她最真实的想法。毕竟一个人固执地去做某件事，肯定有她固执的理由。有些理由她可能不想让外人知道，我不想强迫她。

她像是陷入了某种轮回的黑洞中，沉默了半晌，才把头抬起，说道：“这纯粹就是女生的小矫情。我的初中同桌在上海有房子，她对我说，她想上上海复旦是易如反掌的事情。我就很不服气，不就是有了房子，占了地理优势吗？她的成绩比我差很多，她能有这样的想法，我当然更能有了。所以，我就随口放出大话，她能进上海复旦，我也一定能进上海复旦。”

她伸手把一小缕头发塞到耳后，继续说：“原本也只是随口说说的，谁知初中毕业的时候，同桌竟然还记挂着这事，给我下了战书。我知道我离这目标有多大的距离，但是，我不想被她比下去，所以就应战了。如果没努力就输下来，太不甘心了。”

我轻轻地“哦”了一声，有些明白她的最初动机了。我笑着说：

“处在你的年龄，处在你的立场，搞不好我也会应战的。但我可能没有你的毅力，不能坚持这么久。”

她明显愣一下，不过，还是显得很高兴。“谢谢你的理解，其实背负这样的目标我压力很大。进高中第一天，新生做自我介绍的时候，我倒是把我的目标说了，那时他们还不知道我的成绩，对我还是挺赞赏和崇拜的，不过月考下来，我就被打回原形了。那之后就是你知道的那样，我经常被同学们调侃。”

“有些后悔把理想说出来了吧？”我笑问道。

她摇头。“没有，我是故意说的，虽然有些难堪，但我想的是：有大家一直提醒我，我就不会半途而废了。”

原来还有这层目的！

我敲了敲桌面，把目光定格到她的脸部。“还想把这理想坚持下去吗？”

“当然。”她微笑着说，“我一直记得同桌说那句话时的表情，带着不屑和挑衅。”

我犹豫很久，才说：“你想过没有，那句话可能只是她随口说说的。像你说的，她的成绩远不如你，她也许只是在找另一种心理安慰罢了。”

她吃惊地看着我，久久没有作声。

那年高考，她上了一本线，但与上海复旦大学的录取分数线还有一段距离。而后，我听到了她重读的消息。

我们的人生不是用来斗气的，要做自己的事，做自己喜欢的事，量力而行，快乐而行。我们不要轻易让别人乱了自己的步伐，要学会主动地去掌控人生，而不是被动地被人生选择。

那是最基本的理性。

花还在

下午茶的时候，朱姐凑到我身边，小声地对我说："老龚家的娃没能上试点班，听说了没有？"

我听后难以置信。

那个孩子的优秀在单位是出了名的，不要说学校里的小型考试，就是整个市的考试，她也能拿前三名。食堂打饭的阿姨曾经笑着开玩笑说，老龚家的孩子有望打破我们单位没有清华和北大子弟的局面。

"什么情况？那孩子试点班的预考没通过？"我吃惊地问。

这个试点班是本市最好的一所民办中学开设的，最通俗的说法就是为清华和北大输送人才的精英班。当然，招生条件也比较苛刻，必须由老师和校长实名推荐，然后再统一进行排名考试，前一百名的才有机会进去。

朱姐叹气，随后压低声音说："是这样老龚反倒不用难过了，听说是学校推荐名额时出了一些问题，把孩子给遗漏了。等老龚发现的时候，学校推荐生的考试都结束了，最终名单已经提交了。楼下那个赵胜，他家的孩子一直比老龚家的要差一些，可是他的孩子却被选上了。刚才遇到老龚的时候，赵胜又是握手，又是寒暄，不停地问孩子的事情，把老龚气得快呕血了。等下你见了老龚，说话一定要注意，不要涉及孩子的问题。"

我表示理解。

她拍了一下我的肩，疾步走了。

被朱姐一说，我才发现老龚的情绪果然有些不对。他的电脑明明正常工作着，却按了重启键；刚倒了茶水，接着又倒了。

估计整个办公室的人都知道这件事了，都识趣地低着头，做着自己的事情，氛围因此有些压抑沉重。我有些担心，暗自猜测在这样的气氛中，谁会第一个受不了。

没想到最先沉不住气的竟然是老龚。他在 QQ 中给我发了一条消息："我家娃的事情听说了吧？"

我点了一个微笑的表情，想想有些不太适合，又删掉，敲了个"嗯"，发了出去。

"感觉有些委屈。"他又敲了一行字。

我无暇顾及他的感受，首先想到了孩子。"孩子知道这件事了吗？她怎么说？"

"已经知道了。你也知道的，她是个很识大体的孩子，见我难过，反而宽慰我，说班级和学校都不是最重要的，只要想学、认真学，在哪都一样。她说她不觉得有什么遗憾。可是作为家长，总会有那么一点点愧疚的。"他发来长长一段话。

"其实，这未尝不是一次机遇。"我想了想，打了一行字发过去。

他敲了一个问号。

"塞翁失马，焉知非福。而且我认为，孩子的想法很对。决定一个孩子未来的不是学校层次，不是某班级水平，而是她自己的信念。她有远大的目标，她愿意为了这个目标努力，那么她要实现这个目标只是时间问题。再说，一直在顺境中成长的孩子，不见得是好事。我们不知道孩子的心理承受能力，不知道她遇到问题时会不会自暴自弃，会不会怨声载道。你看，面对这次小波折，孩子完全没有被击垮，能在第一时间调整好心态，平心静气地处理，这不是成大事者应具备的重要能力吗？"

接着，我又特地补了一句："你应该为这次意外喝彩。"

不知道是不是我的话起了作用，下班的时候，老龚的心情明显好了一些，路过纸篓的时候，还顺便把掉在旁边的一张废纸捡起来扔了进去。

老龚后来告诉我，他的女儿虽然在普通班，不过很受老师重视，成绩也一直遥遥领先。因此，他很欣慰。

没人知道老龚的女儿最终会有一个怎样的结局，但是有一点是肯定的，再普通的班级也锁不住一对渴望翱翔的翅膀。任何时候，我们都不能让意外击垮我们的信念，因为信念在，希望就在。

带着春天味道的棒棒糖

刚进初一的时候，她还是一个不爱学习、调皮捣蛋的孩子。她和同学打赌，看她能不能在第一节课就把老师惹哭。

上课了，进来的是一个男老师。无疑，赌局刚开始，她就输了。

她很泄气，垂着脑袋一蹶不振。

老师暗示了她几次，让她保持坐姿，认真听讲，她都无动于衷。没办法，老师只好敲着她的桌面让她回答问题。她站起来，含着笑盯着老师，答非所问："老师，您看着有些憔悴，早上忘刮胡子了吧？"

如她设想的一样，全班哄堂大笑。老师大为错愕。不过，等到笑声过后，老师倒也恢复了常态。他淡然地说："老师不是早上出门前忘了刮胡子，而是进入教室前突然预感会遇到调皮的学生，急得胡子都长出来了。"

同学们再次哄笑。大家都看着她，这她有了一种偷鸡不成蚀把米的感觉。此时如果有地缝，她定会钻进去。

第一次过招，她就输得很彻底。她万分懊恼地想这个仇应该怎么报。还没想到办法，老师就把她叫到了办公室。她站在老师面前，突然生出一种寒意，觉得自己就像待宰的羔羊一样，而刀随时就会落下来。

那是她第一次在调皮之后，想到了妈妈。刚进新学校，才第一天就闹出这样的事，妈妈知道了恐怕又要难过了。

在老师的手打开抽屉伸进去的一瞬，她条件反射般地叫道：“能不能不找家长?”

老师的手僵住了，过了一会才慢悠悠地从抽屉里抽了回来，手里则多了一根草莓味的棒棒糖。

他把棒棒糖递到她的面前，说：“我遇到调皮的学生，都会给他一根棒棒糖。我觉得他不是真调皮，只是想引起老师的注意。我不希望我的每一个学生都很优秀，但是，我希望我的每一个学生在将来的某一天都不会后悔，不会后悔当初没有认真读书，没有听大人的话，没有明白大人的良苦用心……”

她拿走了老师的棒棒糖，老师也没有给她的妈妈打电话。她承认她被感动了。她把棒棒糖藏在口袋里，手指触及的时候，身体就不敢乱晃了。

她发现，原来认真听课也是件很有趣味的事情，老师们也并没有她认为的那么死板无趣。一段时间下来，她上课不讲话了，按时交作业了……初三毕业的时候，她虽然没有一鸣惊人，却也有了不小的进步，被一所还算不错的高中录取。按目前的状态，高中毕业进一所普通的大学完全没有问题。

《大话西游》里有一句很有名的台词：你还没有变成真正的孙悟空转世，这是因为你还没有遇到那个给你三颗痣的人，当你遇上他之后，你的一生就会改变。

我们之所以敢叛逆，敢另类，敢桀骜不驯，并不是因为我们自身有多么大的优势，不是因为我们有一目三行、过目不忘的本领。退一步讲，就算你有这样的潜质，你也得先把字认全了才行。否则，有没有记忆力不是一回事吗？我们敢这样狂妄自大，很大的一个原因是因为无知无畏！因为不知道自己这般无知，所以才敢这样做。

这话我说得重了一点，毕竟我们还不能把这些归之为大过错。但是，我们也不能在脚底出现三颗痣前一直任性妄为。如果原本可以给我们三颗痣的人恰巧和我们擦肩而过了，我们就这样毫无追求地过一辈子？

没有别人给的三颗痣，我们就先给自己画上三颗痣，让自己去懂一些道理。学习不仅仅是自己的事，也是对社会的某种责任。如今，我们并不一定高调地说为中华之崛起而读书，但至少要懂得学习是受用终身的事。

面　具

许枚并不得同学们的喜欢。

“她的脸皮有些厚。有时候吧，我们几个同学在一起玩得好好的，她会不请自来。她也不看我们的眼色，就直接说她也要加入。可是如果她输了，应该要她表演节目了，她又找理由跑了，说什么突然想起来还有什么作业没写完，必须去做作业了。”同学颇为不屑地说，“这种算小事情了。第一节化学课时，老师让我们做自我介绍，老师的话还没说完呢，她就站起来了，说她叫许枚，是班上最棒的学生。同学们嘘声一片，她脸也不红，快速地补充说她这么说只想让老师记住她的名字。你可别说，老师还真的就记下她的名字了。”

类似的说法我在同学们中间听到过很多，同学们当然不喜欢这样的人，但是我却看到了许枚的另一面：一个敢于把自己推销出去的人，是积极的。虽然有些方面做得很没底线，但积极的一面也是不容抹灭的。所以，我决定见她一面。

当时已经入冬，甜饼店的玻璃上结了一层霜，从屋内望出去就像置身在迷雾中。因为天冷，街上的人并不多，许枚隔着马路出现的时候，就像一头圆鼓鼓的熊，我看不清她的长相和表情，隐约能见着她两条向上挥舞着的双臂。

那时，我还不知道这个就是许枚，完全是被马路对面的那股活力感染，忍不住用手指在玻璃上轻轻擦拭出了一小片光亮。她就成了这片光亮中的唯一风景，穿着厚厚的棉袄，围着小熊围巾，戴着小熊手套，像听着爵士乐似的晃着脑袋，双臂不停地左右摇摆。

后来她告诉我，她没有听音乐，她之所以这么做，只是想让我记住她。

她的想法让我惊讶万分。“可是你不知道我坐在哪个位置，也不知道我会不会往外看，况且，玻璃也起霜了，即便看了也不一定能看到，又怎么认定我会凭这个动作记住你呢?”

她大笑。“如果没有看见，我也没有损失什么，对不对？万一看见了，我的想法就实现了，对不对?”

我绞尽脑汁，却发现我实在想不出该用什么话来反驳她。于是，我直奔主题。“为什么想让别人记住你呢？我听说了一些有关你的事，同学们普遍认为，你很高调，急于让别人记住你。”

她显然没有想到我会提这个问题，略带尴尬地把身体紧紧地贴到了椅子的靠背上。

“原来有这么明显呀！可是我觉得我已经不露声色了，看样子还是修为不够。”说完，她吐了一下舌头。

我笑着喝了一口奶茶，等她的下文。

“我的成绩不好不差，想拔尖不太可能，但轻易又不会再掉下去，属于容易被老师和同学忽视的那类人。其实吧，每个班都有像我这样的人，想考高中基本不可能了，只能上个中专。因为自卑，和老师、同学的交流会日益变少，然后渐渐被他们淡忘。过了几年在路上遇上，你想打招呼，他们却已经忘了你是谁。这是多可悲的事情。”她带着自嘲的语气说，“其实我知道，同学们对我的评价并不高，但是怎么讲呢，与其平淡到让人忘记，还不如难堪地被人记住。与长久的寂寞比起来，被记住了还有可能让人对你改变看法，但是忘记了，当真就只是陌路了。”

我有些错愕，不解地问：“想让别人记住你，只是害怕别人忘记你？”

“也害怕自己忘了自己。”她边伸手拉围巾边说，“被别人遗忘后，接下去就是自己遗忘自己了。我们这个群体最容易自卑了。其实，我也是很自卑的。为了避免别人看出来，我就不停地黑别人、黑自己，戴着面具示人，我觉得这样比自暴自弃要好很多。”

我没有赞同，也没有反对，只是静静地看着她。

我想，我是真的记住她了。

成长的过程中，学习成绩的好坏在一定程度上的确对性格的形成有所影响。我们要让自己自信起来，除了学业，我们还有其他的优势。我们要做的不是被难堪地记住，而是在阳光下尽情盛开。

友谊无须伪装，快乐无须伪装，自信无须伪装，热情地投入到校园生活中，即便小似尘埃，也会有闪光的时候。

尖叫的榴莲

进入高中后，她给自己立下规定：名次前进一名，就奖励自己几瓣榴莲。

她喜欢吃榴莲。为了激励她学习，家里常常备着榴莲，所以一直有榴莲的味道。

一开始，也有同学去她家玩，但实在受不了这股味道，刚坐一会就走了。后来，这种味道转移到了她的身上，虽然不是太明显，却也让同桌难以忍受。同桌要求换座位，班上倒也有喜欢吃榴莲的同学，但因为身高与她太悬殊，实在不能凑对。老师无奈，只好把她和同桌的桌子分开，把她一个人安排到了最后一排的角落里。

她开始了独行侠的生活。一个人读书，一个人做作业，一个人思考，一个人走路……

因为有了期待，她学习虽然谈不上刻苦，却也很认真。这次考了 20 名，下次就紧盯着 19 名，再下次就是 18 名。

因为这个，有同学顿悟，并特意改了 QQ 签名：美食是吃货进步的阶梯。

她看到同学的签名，没有任何表示。她按部就班地上学、放学，有进步就吃几瓣榴莲。等到高三的时候，她的名次稳居班级前十，不退后，却也很难进步了。

她身上的榴莲味越来越轻，但同学们对她身上的榴莲味仍心存芥蒂，因此她还是一个人坐在角落里。

有一次，我从他们教室前面经过，不经意看到她一个人的小天地，颇为意外，便找同学了解情况，才获知始作俑者是榴莲。

我觉得很奇怪，奖励方式有很多种，既然同学们都不喜欢，就犯不着死认着榴莲不放手啊！难道还另有隐情不成？

我没隐瞒我的想法，找到她的时候，就表达了我的疑问。

她笑了，神情有些不可捉摸。“我的爸爸妈妈只是小厂的工人，收入一般，背景全无。他们辛辛苦苦挣钱，还整天操心工厂的效益，怕失业，怕负担不了家里的日常开销。他们过得万分辛苦。我不想重蹈父母的覆辙，学习便是我唯一的出路。”

我点头，表示理解她说的，只是我有些不明白，明明说着吃榴莲的事情，她怎么讲到了她的家庭上。不过，我没有打断她。

“明明知道这个理儿，可是因为我是一个很喜欢热闹的人，很喜欢和同学们一起逗乐。这样发展下去可不好，实在太浪费时间了。我不舍得主动断绝和同学们的联系，那么只有让同学们主动断绝和我的联系。一般的方法又太过伤人，想了几天，我就想到了吃榴莲这个法子，很快不露声色地就把自己孤立了。”

我大悟，接着笑了起来。“原来是这个原因，有点意思。幸好你喜欢吃榴莲，如果你不喜欢吃，那得用什么办法呀？”

她表情奇怪地看着我，弄得我有些莫名其妙。

“其实，我不喜欢吃榴莲，我很讨厌榴莲的味道。”她一字一顿地说，“但是这种不喜欢和讨厌，在珍贵的时间面前，实在太微不足道了。恶心了自己三年，这么可怕的时光终于即将过去了。如果榴莲知道真相，估计会直接尖叫着跳起来，砸我的脑袋。我是不是太可恶了？”说完，她笑了起来。

我摇头，接着由衷地说：“它只会被你的毅力折服！”

成功都是来之不易的。一个人想要有收获，就要不怕艰辛地去播种。播种的过程可能没有我们想象中的美好，甚至会令我们感到枯燥与厌烦，但我们必须适应它、迁就它，这也算是一种人生考验吧。成功原本就属于那些愿意付出、坚持付出的人。

❀ 爱好，让自己变得与众不同

哆啦 A 梦的大口袋

几乎没有孩子不羡慕大雄身边有个隐形机器人哆啦 A 梦的。它是大雄的忠实伙伴，能帮助大雄实现很多理想。我们都没有哆啦 A 梦，而她却要为自己做一个。

她也不知道自己什么时候开始对科学实验感兴趣的。好像刚进高中时，老师就说如果在某个领域有特长，可以在高考的时候加分。从那天开始，她就想自己可以从什么方面突破。当然，我去见她的时候，她已经不是停留在设想阶段了，她和她的几个小伙伴已经设计出图纸，制作了两个并不成功的机器人。

“小的时候，看《哆啦 A 梦》，就一直很羡慕大雄，觉得大雄虽然笨头笨脑的，却傻人有傻福，有这么厉害的一个机器人相伴，想要什么，口袋里就有什么。那时小，还不懂事，就吵着跟爸爸要哆啦 A 梦，爸爸买了很多个哆啦 A 梦，可是它们都没有神奇的口袋。她和爸爸闹，爸爸还不知道因为什么。最后还是妈妈一眼看透。爸爸笑说道：有大口袋的哆啦 A 梦，得等妞妞长大了自己造一个了。”她不好意思地说："高中的时候，不知怎么就想到这段往事了。"

"所以，你想造个机器人？"我指着桌上两个圆鼓鼓的东西问。如果她之前没说，我绝对不会联想到这两个是机器人。

"嗯。我只是说出自己的想法，没想到却得到了两个同学的支持。我们是学校里的科技班，平常各种类型的试验都有所涉及。我们现在做这个也算符合学校的宗旨。唯一遗憾的是我们的时间太紧。一方面我们渴望加分，另一方面我们也不想因此丢了我们的基础分。这本身是比较矛盾的。"

她抚摸着桌上的一个机器人，接着说："其实这个并不是我们的第一个产品，前面还有两个，但都站不起来。后来，我们重新设计了造型。我们认为，机器人的重点不是人，而是机器，因此并不一定要维持人的长相。达成这个共识后，我们又把里面的电路板重新排了一下，确保在移动的时候，重心能稳住。"

"听着不简单。"我吸了一口冷气。

"是呢，几组数据就花了我们差不多半年的时间。好不容易站住了，电路却出了问题，又得重来。"

接着，她指着另一个说："现在也看不出它的特别之处吧。不过，就是这个简单的模样，动手去做的时候，也相当麻烦。可是，虽然我们不怕麻烦，但老师和家长却受不了了。我们的试验被迫中止了。"

"有遗憾吗？"我问。

"谈不上遗憾，按我们现在的进度，我估计到高考结束，也不见得能顺利把我们设想的产品制造出来。虽然翻看了很多资料，但是我们的知识还是太匮乏了，或许推迟几年再进行这样的试验更合适。虽然说试验失败了，但经过这一年多的努力，我发现我对机器人的感情更深厚了，我很喜欢它们。我一定会认真学习，争取有一天能创造出新的机器人出来，能像哆啦 A 梦的口袋一样神奇。"

她的眼亮闪闪的，透着浓浓的渴望，一度让我有了这样一种认知：科学也是由爱好而来的！

不要小看爱好的力量，也不要小看孩子的力量。他们做的事情，在我们看来可能是莫名其妙、不可理喻、毫无意义的，但是就是这些看起来毫无用处的事情，可能会改变他们的人生，让他们的人生变得很有意义，变得不同凡响。

爱好有很多种，不是每一种都能给人带来收益。但是有过这些经历是好的，有过努力也是好的。当爱好与学业冲突的时候，不能盲目地选择支持哪一方，应该理性思考。要考虑到我们做的这件事，是不是自己喜欢的，是不是积极向上的，是不是目前能承担的，是不是一辈子适用的……两者能兼得最好，不能的话，就要学会选择，学会放弃，选择对自己的人生最有利的去做。

旋转的红舞鞋

刚坐下，她就得意地给我看存在她手机里的照片。那时的她，轻垂的长发也遮挡不住她的大饼脸，粗胳膊粗腿，即使穿着一身宽松的黑色衣服，身材缺陷也暴露无遗。

我拿着照片再对照面前的她，鹅蛋脸，睫毛弯弯，白色连衣裙，芊芊细腰，怎么看都是两个人。

“你这是整容了，还是减肥了？”我不确定地问。

她笑着说：“减肥成功了。”

“果然，每一个减肥成功的胖子不是帅哥就是美女。”我本能地接话。不过说完我就后悔了，因为我觉得直接表扬一个人漂亮是很肤浅的，尤其对方还是一个青春期的少女，这种肤浅更是加倍呈现了。不过，这个时候再收回这句话显然来不及了，我赶紧转换了一个话题，问她：“减肥的动力是什么？”

之前我接触过减肥成功的孩子，他们一般的回答就是受不了同学们异样的眼光，再或者就是为了身体健康……不过，对于她的动力，我还是抱有一丝好奇的，或许是因为她挑的照片和本人相比，太具有震撼力了。我本能地觉得她的理由应该会与众不同一些。

“也是很巧合的事。我自小胃口就好，吃得香，睡得着，小学的时候就是有名的小胖墩了。那时也没觉得有什么，到了初中，懂事了一些，就觉得胖了不好看。再加上胖子原本就懒，所以我更不想出门了。基本上节假日在家，除了电视就是电脑，所以视力很快就下降了。眼睛很疲劳的时候，看自己的掌纹线都看不清楚。那个时候，我就觉得事情有些严重了。和妈妈去医院检查眼睛，医生说再这么下去，不仅仅是视力下降的问题了，搞不好眼睛会瞎掉。眼睛可是大问题啊，我当时就害怕了。可是让我以后不看电视、不玩游戏，这日子咋过呀？医生就给我指了一条明路——跳舞。”

说起跳舞，她眼睛一下亮了起来。“一开始是妈妈教我跳广场舞，随着视力的恢复，我又开始从网上搜了一些类似芭蕾的那种简单舞蹈。领舞的老师穿着红舞鞋，踮着脚尖，在舞台上轻舞，或旋转，或跳跃，很吸引人。那时，我就真的喜欢上了。最胖的时候，实在没勇气报舞蹈班，我都是在家里对着电脑一个人偷偷练。妈妈很不理解，一个连腰都没有的孩子，练这种舞有意义吗？再怎么扭，也看不到腰呀！你猜我是怎样回答妈妈的？”

我笑而不语。

她接着说：“我说，一直等下去我就永远没有腰了。所以，我必须跳起来，先把腰跳出来。这句话对妈妈还是很有触动的。那时，我买不到舞蹈服，她就买那种有弹性的面料给我做了两套。我脚肉厚，买不到舞蹈鞋，她就让我穿厚实的运动袜，一双套着一双，这样就伤不了脚了。”

“妈妈还是很支持你的。”我说。

“是的，妈妈其实还是希望看到我动起来的，她觉得我的肥胖都是懒出来的。”她笑着说，“她其实比任何人都希望我瘦下去。后来她看我跳舞真的有了效果，每天我一做完作业，她就催我跳。”

她得意地拿出手机，指着里面的照片对我说：“你看，以前妈妈其实也略显富态，和我一起跳舞后，不但人瘦了，气质也好了很多。”

我笑着看照片，并微微点了一下头。

令她最高兴的，应该不是她的跳舞技能，而是塑身效果吧！

不过，哪个为主并不重要，重要的是她坚持了下来。

爱好使人愉悦，越能让自己喜欢、越能让自己高兴，就能坚持得越久。爱好也是耗费时间的事情，花费这个时间值得还是不值得，只有自己知道。

沸腾吧，蛋炒饭

提及“爱好”这个话题的时候，有同学把手举得高高的，然后起立问道：“老师，做饭算不算爱好？”

“是指把米倒入电饭煲，然后插上电源、按下按钮的那种做饭吗？”我假装很认真地问。

全班哄笑。他们的目光齐刷刷地汇聚到班上一个女生身上。

“老师，是香喷喷的米饭加上色香味俱全的菜肴。”

“老师，就像魔术一样的，生的提进厨房，熟的端出厨房。”

“老师，不是做饭，是厨艺。陆双双爱好厨艺，她的厨艺当真一级棒。”

……

同学们叽叽喳喳地叫着。我顺着同学们的目光望向一个女生。她的手藏到桌下，头低垂着，马尾辫安静地甩在身后，从耳朵到脖子都红扑扑的。

她是不好意思了。

我轻笑。只是一个初二的女生，稚气未脱呢！

陆双双跟我一起在她班主任的办公室坐下后，她的手机械地放到膝盖上，脸部的肌肉绷得很紧，像是在受刑一样。

她这样的反应，反倒让我不知道说什么了。

“你不用这么紧张的，你这么紧张，我也跟着紧张了。先喝杯水，放松放松。”我边说边递过去一杯水。

我的话刚说完，她就端起水杯咕嘟咕嘟地喝了几口。喝了之后，她才警觉，好像自己反应太快了，又不好意思地笑了起来。经过这个插曲，她人反倒放松了。

“你是怎么喜欢上烹饪的？现在喜欢烹饪的学生貌似并不多。”我问。

“和我们家的情况也有一定的关系。”她想了想，说，“我的爸爸妈妈都是会计，每个月到月底的时候，都忙着核算。这个时候，别说给我做饭了，就连自己吃饭的时间也没有。他们通常会叫两个外卖，草草凑合一顿。爸爸的胃不好，一年总会疼个两三次。每次疼的时候，脸色惨白，可见疼得多厉害。小时候不懂事，觉得爸爸吃了药就会好。但是长大了，就知道那是因为不能按时吃饭的缘故。那时我也上四五年级了，就开始照食谱做菜了。虽然一开始做得不咋样，不过看着爸爸妈妈欣喜若狂的样子，还是很知足的。”她笑着说。

“懂事挺早的。”我感叹。

“都是逼出来的呗。不过烹饪的乐趣很大，尤其是看到大家喜欢吃你做的菜的时候。有几次，同学过来玩，我围着围裙，动手做几个小菜，就把他们震住了。他们私底下叫我厨神。”她得意地又喝了一口水，“不过最高兴的人肯定是我的爸爸妈妈了，他们不但不用担心加班的时候我没有饭吃，而且回家还有热气腾腾的饭菜等着他们。他们说这是他们最幸福的时刻。”

“做菜不累吗?”

我以为她会说不累，因为喜欢了就不累了。可是她却一本正经地回答：“累，很累的。偶尔把做菜当娱乐，心情肯定是不错的。但是如果把这个当任务，感觉就不一样了。其实，我哪有这么喜欢做菜啊，只是爸爸妈妈太忙了，如果我说为了给他们减负，他们就会内疚，我就只好装作很喜欢做菜了。不过，现在这样挺好，他们以为我在做自己喜欢做的事情，就大力支持。我也顺便做了我应该做的事情，因此，我很快乐。”

原来，这才是爱好背后的真相!

我们的眼睛看到的往往都是事情的表象，爱好也罢，爱也罢，都不是重要的，重要的是爱在心中有多少分量。

长大是一个过程。在这个过程中，我们学会了给自己制定目标，懂得了自己到底需要什么，要取得什么样的成绩。但是这不是全部，我们的生命中不仅只有我们自己，还有我们的父母。我们向父母索取的同时，也要担负起自己的责任。我们争取到索求的权利，就应该有担负责任的义务。父母为我们做了多少，我们又能为父母做多少？付出不需要等量等价，但爱他们的心却不能打半点折扣。

爱不是口号，而是行动!

一纸墨香

虽说现在是网络时代，大家都习惯在网络上收发邮件，但偶尔我也会收到一两封纸质的信件。书信被装在信封里，长途跋涉后到我手中。

但是，用小楷写的书信，恐怕就只有扬扬给过我了。

扬扬是很爱书法的女生，小楷也的确写得很漂亮，字体娟秀，带着墨香。当从信封里抽出书信的时候，别有一番滋味。初次收到的时候，我兴奋了许久，还预备把这书信裱起来好好珍藏。但书信的内容终究只是一些小女生的话题，比如撞包了，和班上的一个男生的书包一样了，不知道是她汉子了，还是那男生姑娘了。又比如仰卧起坐又可以多做两个了……这样的文字放在客厅的墙壁上诚然不是太合适，所以终究还是放弃了。

好在之后，她也经常给我写信，有时虽然寥寥几笔，但也算弥补了我的遗憾。只是收到这样的书信多了，有一点我越来越好奇，女生很少有喜欢书法的，我不懂她的爱好是怎么来的。

有一次，我们在 QQ 上闲聊，聊着聊着就聊到了这个话题，她给我打了一个笑脸，然后写道："爱好这东西怎么说呢，有的时候突然开窍了，就来了。比如说吧，一道题你明明不懂，但是睡了一觉突然就懂了；再比如说，你到我们学校来了一次，而后，我们学校就有很多同学喜欢上写作了。可以说，爱好什么也是冥冥中注定的。"

当时我在喝茶，难得见她一板一眼地说事，我忍俊不禁，差点把茶水喷了出来。"接下去你是不是要告诉我，有一天，一个书法家去你们学校露了一手，你就不由自由地喜欢上书法了？"

她很快回复道："才不是这么回事呢！不过我真的遇到过一位大书法家。"她随即加了一个害羞的表情。

"其实练小楷前，我的钢笔字也是不错的。所以，过年过节的时候，我常常会跑到邮局给同学和朋友寄几张卡片。那次，我正在邮局写信封呢，一个人跑来寄信，原本他要走了，可是瞧见我写的字后，又默默地在我身后站了一会。当时我还得意呢，心想肯定是我的字写得太漂亮了。谁知，在我写完一个地址后，他竟然对我说这个字这样收笔会更好看，那个字的结构可以再紧凑些。我年少气盛，对他的说法有些不服。于是，我把后面两个还没誊写地址的信封推过去，让他按我纸上的地址写一个。我的本意肯定是不善的，也想学着他的样子，等他写完了，给他提些意见。他倒也没推辞，接过我的笔就写了下去，写出的字洒脱豪放，我愣是没找出啥缺点来。我也不想太难堪，就随口说太潦草了。”

她打了一个无奈的表情。“然后那人就笑呵呵地出去了。这时，就有邮局的工作人员跑过来，看着我手里的信封，满脸羡慕地说：‘你这丫头运气真好，你知道刚才那位是谁吗？是书法家薛治洲啊！’我回去后就在百度上查了这个名字，嘿嘿……反正后来就如你知道的那样了，我成了一个小书法迷。”

很快，她又发了一个撇嘴的表情。“你说后来我咋就遇不到他了呢？我都这么积极地往邮局跑了，我现在的字都进步了，而且我还没有向他道歉呢……”

我满脸黑线，敢情她给我写信的初衷只是为了和某人偶遇啊！不过，如果他们当真又遇上了，我一定会替她高兴的。

一个人走一条什么样的道路，有的时候还真的是很讲机缘巧合的。就像鲁迅弃医从文一样，我们不知道我们在下一刻会碰到什么事，会遇到谁，也不知道这件事、这个人会不会影响到我们的人生。但是，如果我们被某件事、某个人影响了，觉得我们可以改变自己的初衷，去做另一件自己喜欢做的事情，而这件事又是积极的、正能量的，我觉得就值得一试。

爱好，能让人发挥出无限潜力，能带给我们别样的天空。

倾城一笑待春风

初次观看本城孩子的京剧汇演，是在市局的一次颁奖大会上。颁奖间隙，他们作为特邀嘉宾上台表演。小演员们画着彩妆，表情很是投入，声腔极有特色，博得一阵又一阵的喝彩声。

我们这座小城，在对下一代的培养上，竟然还注入了中国国粹的元素。获知这样的消息，委实有些让人兴奋。这能让人看到市局对教育的重视，也看到了重视之后取得的进步。

我忍不住和一旁的领导分享愉悦的心情。“这个京剧班是哪所学校的呀？什么时候组建的？看着很有意思。”

领导摆出高深莫测的表情，说道：“都好几年了，是从小娃娃抓起的。你瞧着现在这个小青衣不错吧，之前的那个更有特色，神韵什么的都很到位，很有名家范儿的。可惜啊，进入初中后就不愿意再接受这样的汇演了。一推再推，几次三番后，再好的苗子也荒废掉了。多好的一个苗子呀，可惜了。”领导唏嘘不已。

“因为家里反对吗？”我好奇地问。

“家里倒也支持她继续学下去，是她自己放弃的。听说她决定放弃的时候，父母还生她的气，有一度闹得比较凶呢，不过最后也没能改变她的想法。”他望向我说，“具体的原因我不太清楚，不过，我可以帮你联系一下她，我也想知道其中的原因。”

在领导的帮助下，我见到了这名在读初二的青衣。

她知道我的来意后，笑了，露出两个小酒窝，很可爱。如今的她，和我手里捧着的当年汇演时拍下的照片完全不一样。

“这表情是剧情需要，因为是演穆桂英挂帅，角色的头衔放在那了，必须英气逼人，不敢造次的。”她的手抚摸着照片上的小旗，“第一次上台前，化浓妆、贴片子的时候，看着镜子里自己的脸可以像调色板一样，五颜六色、绚丽怒放，可高兴了。老师事后说他第一次遇到我这样大气的孩子，第一次上台就临危不乱。其实，哪是什么大气，我只是还沉迷在五颜六色的颜色中，一下子还没能从兴奋中缓过来……”她从第一次上台慢慢讲，讲到了出去比赛，讲到了一次次获奖。

“听你这么说，你应该很喜欢唱戏才对，怎么突然决定放弃了呢?”我不解地问。

“唱戏其实是很枯燥的事情，台上一分钟，台下三年功。大家看到的只是舞台上光鲜的一瞬，但是舞台下的努力是不知道的。我是比较享受站在舞台上的感觉，但毕竟学生是以学业为主的，一年能有几次机会站到舞台上？这和台下的付出太不成比例了，我觉得不划算。”她又咯咯笑了起来，“其实，最初决定学唱京剧并不是我对京剧有多着迷，只是觉得京剧脸谱太有意思了，我喜欢脸上被涂上各种颜色的感觉。只要涂上半个小时，自己就不再是自己，而是完全陌生的另一个人了。”

她的话让我颇感意外。

“很多人都觉得我放弃京剧很可惜，其实我觉得一点都不可惜。我是坚持不到最后的，因为我只是喜欢京剧的妆容，并不是喜欢京剧本身。”她认真地说，“没有真正的喜欢，又如何承受得了艰苦的训练，走到最后?”

“风光正盛的时候离开可惜吗?”我不死心地问。

“难道要等到淘汰出局才不觉得遗憾吗?”她翻着自己以前的演出照，“你看现在还有人惦记着我多好。淘汰出局的话，怕是很快就被忘记了。”

我回味着她的话，虽然不想承认，但事实上她的话是对的。

与其在坚持不下去的事情上浪费时间，还不如趁早把一切结束。

眼前的风光只是暂时的，它不可能没有原则地陪着你走一辈子。如果注定会出局，那么抢在被出局之前先行离开，不失为一种智慧。

或许有人说这是懦弱的表现，但从另一个角度来看也是理智之举。懦弱与理智唯一的区分点是，到底是爱着还是不爱。

如果连爱好都算不上，那么一味地坚持不是坚强而是犯傻。如果还是一如既往地喜欢，那么可以再努力，再观望，顺从自己的心就好。

寻味一首歌

第一次接到她的电话，我就知道她喜欢唱歌，我刚“喂”了一声，还没来得及说“你好”，她的歌声就沿着电话线传了过来。

是李荣浩的《李白》。说来很惭愧，我当时是完全不知道这首歌的，挂了电话后，借用其中的一句歌词——“要是能重来，我要选李白”才找到了这首歌。

自此，我对她记忆深刻。

那之后，她隔段时间就会给我打个电话，总是以歌曲开头，偶尔会和我聊几件学校里发生的小事，或者问我她唱的歌好听不好听。

我是五音不全的人，缺少音乐细胞，自小就知道这是我的弱项，我又不太敢挑战自己的弱项。所以音乐的潮流我是永远都跟不上的，只是纯粹凭自己的喜好，比较偏爱那些偏中国风一些的歌曲。像《李白》之类很受现在孩子喜好的歌我是全然欣赏不来的。而她唱的大部分都是这类，我委实不知道应该如何去客观地评价，只得诺诺地说：“还好吧，你的小伙伴们应该喜欢。”

“那你喜欢不喜欢?”她坚持问到底。

我笑着说：“这重要吗?”

那时我还不知道，她唱给我听的大部分歌，都是她自己写词、自己谱曲的。我随意的回答无疑给她浇了一盆冷水，让她凉了一个透彻。

那之后，她有一段时间没给我打电话。因为我并不知道我在无意中伤害了她，还暗自寻思，这孩子怕是最近学习太紧张了吧，当真完全没有往自己身上联想。

直到有一次，她又拨通我的电话唱歌给我听的时候，明明是很陌生的曲调，却偏偏让我有一种很熟悉的感觉，直到唱到最后几句，我才后知后觉地发现，那竟然是我早期写的一首诗。

“这是我的诗?”待她唱完，我急促地叫了起来，“那曲子是你编的?”

“嗯。”她扭捏了起来，“我比较习惯快节奏的曲风，填出来的词也就有种顺溜溜的感觉。知道你不喜欢后，我这阵子一直在努力尝试换种风格，但是一直没有找到我想要的那种感觉。前几天无意中看到你写的这首诗，所以试着给诗配了曲……”

我默默听完，老半天才听到自己的声音。“我不知道之前的一些歌是你自己写的，所以评论的时候草率了一些。我道歉。我也很感谢你的信任，愿意把你的新作品在第一时间和我分享。但是，我却还是要批评你，你这样做太鲁莽了。”

她吃惊地“啊”了一声。

“我只是一个写字的人，并不精通音乐。你在没有了解我切实情况的时候，就一味在我这里寻找认同。这样的认同其实是毫无意义的，既不能给你任何提点，又不能让你获取任何进步。这无非就是自欺欺人的一点心理安慰，于你没有实质的好处，于我无非就是不负责任的敷衍。而且，你有你的风格，为什么要轻易随别人的喜好而改变呢?”

电话那头一阵沉默。我知道我的这段话语气说得过重，随即轻语补充道：“去做自己喜欢做的事，保持自己惯有的风格。就算你的才情再出众，也不能让每个人都喜欢。你要做的是让喜欢你风格的人更喜欢你。加油!”

这次电话后，她还在写歌，偶尔还会唱给我听，但不会再在我这里获得认同或是其他的什么了。她说她会沿着这条路走下去，哪怕只有一个人喜欢她的歌，她也会坚持下去。

听她这么说，我甚感欣慰。

我们可以和别人分享自己的成果，但是，不要认真去探究别人对你的成果的看法。每个人的审美都是不一样的，你的美不见得所有人都会欣赏，别人认为的美也不一定就是真正的美。

我们每个人都得学会坚持自己原有的风格，试着用自己的风格去感染别人，千万不要轻易为别人而改变什么。这样的改变在开始可能会让别人感动，但这是失真的，你不再是你，你坚持的梦想就会变质，终有一天你会厌倦这份妥协。到那时，当初再执着的坚持也会因此淡去。

潜入四季

认识小薇颇有传奇色彩。

那次，我想买一个床上用品四件套，又懒得出门，就在网上闲逛。我看到一个叫作 AMY'S 的品牌，纯粹是被 AMY 这个单词的涵义“最心爱的人”吸引，便鬼使神差地点了进去。

里面的客服很热情，在我询问了一个四件套的面料材质和印染工序后，她就热情洋溢、极有耐心地介绍这套四件套优良的地方，完了还补充道：“这不是快捷回复，也不是复制粘贴，可是我一个字一个字地打上去的哦!”

我隔着屏幕笑，心情不错，便随意多聊了几句。因为一些原因，我最终并没有买她家的四件套，但她并不气馁，还是姐姐长姐姐短的，很是热情，一定要我有时间的时候多逛逛她家的店。

我对她印象颇深，后来也真的如最初答应她的那样，经常去她家店里逛逛，也成功地做成了两笔交易。

后来，我们地方论坛的一个群组织聚会，席间有人介绍，这个谁谁，就是 AMY'S 的老板，网店开得风生水起，品牌也很有知名度。我几乎以为是幻听，忍不住放下手里的筷子询问："是不是床上用品 AMY'S?"

得到肯定的回答后，我迫不及待地提到了他家的小客服，毫不吝啬地表扬了一番。我说网店有这样的客服，绝对能使生意成交额提高好多倍。

他听我说完，嘴角不自主地撇了一下。"那是我家的娃，初三了，学习一般般，对我的网店却很感兴趣。每次我出新款式，她总会提不少意见，从花型到面料。有几款热销的，还是在接受她的意见后改进的。礼拜天有时间的话，她还会兼职一下客服，她的评价一直是最好的。"

"那挺好的呀!"我赞叹道。

"做家长的都希望孩子好好学习、成绩出众，这种虽说也不是啥坏事，但总让我心里有些不舒服。"他用毛巾擦了一下手，"听到这家孩子的成绩如何，那家孩子又得了一个什么奖，再看看自己家的孩子这么不务正业，真闹心。"

有人打断他的话："这也不算不务正业，这是她的兴趣，她的爱好，她的长处。既然喜欢，就往这方面培养呗。"

他并不是很喜欢这个话题，敷衍几句就把话题结束了。

后来，在网店又遇到这女孩，我便说起了和她老爸偶遇的事。

"唉——"她叹气道，"我老爸就是一老古董，在他眼里就是成绩成绩。我的爱好在他眼里一文不值，他觉得那是他的事业，我偶尔参与一下可以，但是把这个当事业，他就会生气了。”

“为什么呢?”我表示不解。

“我们祖上没有出名的文化人，却不缺头脑好使的生意人。从我出生的那天开始，他就计划着把我培养成读书神器。说实话，我也很想圆了他的读书人的梦想，可是，对着书本我就犯困，盯着床品，我就热情高涨。我觉得我的血液里还是流着生意人的血，和文人搭不上边。不感兴趣就是不感兴趣……”

她的情绪很低落，没说几句就下线了。

每个父母，肯定都是为孩子着想，出发点也是好的。毕竟比孩子多了几十年的阅历，遇到过不少困难，因此就设想孩子往哪个方向发展比较有利。但是大人设想的并不一定是最适合孩子的。我们先要看孩子具备怎样的优点，这样的优点更适合往什么方向发展。孩子又有什么样的缺点，对于这个缺点，我们在尽量弥补的同时，还要考虑如何绕过它。

作为家长，并不是你觉得什么好就得让孩子怎么发展。

“因材施教”不是一个空洞的词，是需要用心去做的。父母要先了解自己的孩子，再决定如何给孩子足够的空间，让他得以展翅飞翔。

勿忘勿忘

她也不知道她最喜欢的是什么。

一开始她很喜欢画画，学了一阵后发现画画实在太安静了，她又是一个喜欢热闹的孩子，坚持了几天，实在坚持不下去了，便换了跆拳道。跆拳道学了一阵，觉得抬腿伸拳的动作太枯燥，还是拉丁舞比较有活力。可是等她涉身其中的时候，发现整堂课只学一个动作时，又想那和一节课不停地写自己的名字有什么不同呢?

后来，她又学了水墨画，学了泰拳，学了花式溜冰，学了小提琴，学了陶艺……可是到最后，什么都没有坚持下来。

“每次想学什么的时候，我都是很认真的，而且很有激情。今天想到了，就恨不得马上去上课，可是这种感觉往往来得快，去得也快。”她双手慢慢地旋转摩擦着，“妈妈为了这个很生气，说我太容易半途而废了，难成大事。我也知道这不是什么好习惯，但是一下还真改变不了。而且吧，我还觉得，爱好之所以谓之爱好，是得自己很喜欢才对。如果自己都不喜欢了，仅靠所谓的责任心强迫自己坚持，那么这样的坚持又有什么意思呢？还不如继续寻找，寻找自己真正喜欢的东西。”

“你的意思是学这么多东西，没有一项是让你很上心，很想继续学下去的？”我问。

“还真没有。”她很果断地摇头，“我不知道别人是不是和我一样，接触到一个新项目的时候，就会想，自己的天赋会不会让这个即将到来的新课堂给激活，是不是会从此一发不可收拾地爱上这个课程。可是接触下来，发现都不是自己喜欢的，其中的落差让人很迷茫。以前，我的骨子里有一种莫名的优越感，觉得自己和其他的小伙伴是不一样的，有一种天降大任的紧迫感，觉得自己将来一定会有所成就。我迫切地寻找属于我的突破口，不断地寻找，不断地尝试，但也不断地无功而返，到后来我几乎都麻木了。我都不知道当初的自信是哪里来的，想想都可笑。”

“会不会太刻意了？”我学着她的样子，摩擦了一下手掌，“我觉得吧，不要给自己太多的压力。打个比方，喜欢画画，就是喜欢画画，不是一定要在画画上取得怎样的成就，不是大师，并不妨碍你喜欢画画对不对？就像你说的，爱好不是靠责任心去维持的。我们不一定把爱好看成你的长板，一定要在爱好上有所突破，纯粹作为消遣不好吗？你给自己的暗示太多，好像学了什么，就必须取得什么样的成绩。那样就不是培养爱好，而是纯粹学习了。所以，很容易产生排斥情绪。”

她看着我，挠了挠脑袋。“好像听懂了，又好像没听懂。”

我笑了。“爱好无关成就，想做就去做。就像有些大人喜欢打牌一样，打牌就是他们的爱好，你能指望打牌带给他们很多积极的正能量吗？会觉得他们在打牌上能有所成就吗？当然不能，因为这是不良的爱好。我们自然不要沾染这些恶习，选择一些能陶冶情操的，又是自己喜欢的去做，不要看成果，慢慢享受其过程就好。”

也不知道从何时开始的，学校四周突然冒出很多这样那样的课外兴趣班。大人总是想尽办法把孩子塞进去，学这个，学那个。大人这么做的出发点五花八门，认为可以培养孩子气质的有，认为技多不压身的有，认为可以让孩子少看电视的有……很少有大人说孩子自己很喜欢，想学。

孩子多些专长肯定是好事。但是，进课外兴趣班的前提是，孩子喜欢这些，孩子愿意学这些，而不是纯粹地为了多一项技能，可以更好地在社会上竞争。我们不要把紧张的社会压力带给孩子，在他们还不需要面对这些的时候，完全可以任由他们的性子，依着他们的喜好来。

无心插柳比有心栽花更能挖掘孩子的潜力，你没看到的，可能恰恰就是他们内心最喜欢的，而喜欢才是进步的动力来源。

梦亦安然

认识她，是因为一本书。

那本书是一个作家向我推荐的，并不是说这本书有多出彩，只是那本书从浅显的文字中挖掘出了孤独。她是极其喜欢那本书的，说之前有朋友收藏，后来却不知所踪了，很遗憾。

我找那本书找了很久，各类线上线下的书店，各类新书旧书网站，我都没有放过。但一来出版时间实在太过久远，二来就早年台湾出版过一版，大陆还没有出版，所以一直没有找到。

后来，我把这本书的书名放到朋友圈里扩散，没想到真有人联系了我。她说她可以借给我看一下，但是，只是借一下，不交易。

即便如此，还是让我兴奋许久。我早早地来到约定见面的地点，想着应该如何表达我的感谢。见面的时候，我却吓了一跳，面前站的是个女生，十四五岁的样子，娃娃脸，带着天生的婴儿肥，笑得很甜美。

“对不起，我想确认一下，你说你有这本书？”倒不是我不相信这个女孩，我只是觉得这样的书孩子应该是不喜欢的。巴黎的广场，装面子的音乐会，寂寞的大哥大……这样的题材，离孩子实在太遥远了，更何况还是繁体字版本。

她没有说话，只是打开包，拿出书对着我快乐地扬了一下。“我喜欢这个书名，之前在论坛里看到过，后来，我就一直在搜寻这本书。最后，是爸爸台湾的一个朋友替我们从旧书网找到的。不过很遗憾，繁体字我看不太懂。所以，这本书我还没看，准备等到以后，我有了更多的学识，能看懂繁体字的时候，再认真拜读一下。”

她把书慎重地交给我，说：“不要辜负了这本书，你一定要认真看完哦!”

我郑重地接过。

那之后，我便与她有了交集。有时是我去她那拿两本书，有时是她到我这找两本书。

她对书的痴迷也是在我们深交后我才知道的，有时半夜，她看到书中有好的段落，便会给我打电话，语气中的兴奋是不爱读书的人无法理解的，就像中了一个大奖一样，急于找人分享。“你听听这段，写得是不是超赞，是不是把他心中的想法全都表达出来了，还有这段，我读给你听听，看看伏笔多巧妙。”

我们都是爱读书的人，这样的交流一方面让我欢呼雀跃，另一方面又让我万分担忧。我经常说：“这么晚还在看课外书，会不会影响你休息，影响你学习？”有时，我更会直接说：“你可以休息了。”

她不置可否，依旧拉着我和我分享书中的精彩内容。

但是，我毕竟不是小孩，我是大人，我有责任和义务提醒她注意休息，同时不要落下功课。我找到她，告诉她书一辈子都可以看，但是学生生涯却只有这么几年。为了以后能看更多的书，这几年必须忍痛割爱，把更多的精力放到学习中。这就是所谓的“舍”与“得”。

那两年，我扮演着知音和长辈的双重身份。一开始，她虽然理解我说的，但还是有些抵触。毕竟我是让她暂时放弃她最感兴趣的东西。不过，总归她还是一个理性的孩子，慢慢地接受了我的建议。还算幸运，她总算挤上了大学的末班车，每天可以光明正大地坐在大学的图书馆里，如饥似渴地读书。

她说，明明没有学过繁体字，竟然发现那本书她全能看懂了。

这话让我很欣慰。

9 月的时候，我在网上找一本书，意外地发现，之前费尽心思寻找的书，简体字版的在今年 8 月已经出了。明明已经读过了，可是我还是很兴奋，我给她打电话，她愣了两秒，果然如我预想的那般，尖叫了起来。

爱好是不受时间限制的，可以慢慢地去做，而学业却有时间的界限。所以，我们一定要明白，在什么时间段，什么事才是最重要的。随心所欲地让爱好替代主业，或许目前看是幸福的，但放眼整个人生，却无意中成了阻碍我们正常发展的绊脚石。

到时再后悔，又有什么意义呢？

我不一样

知道她对星座很痴迷，所以见她之前，我恶补了一些星座方面的知识。

比如，双子座是 5 月 21 日到 6 月 21 日，天蝎座是 10 月 24 日到 11 月 22 日；再比如狮子座的守护花是向日葵，金牛座的幸运数字是 1 和 9。

但是见到她之后，我才发现，我恶补的那些东西完全没用武之地。

她从星座故事，讲到星座特点，再讲到年度星座运势，还就我的星座给我分析了我本月的运势，让我很震惊。

“你的记忆力怎么这么好？”我忍不住问。

“之前在电话里问过你的星座，因为今天要和你见面，所以昨晚特意留意了一下。”她含着笑推了一下眼镜。

敢情也是和我一样，起锅前加料了呀！

我随口接道：“用什么搜索的啊，我昨天查的时候，并没有你说的那么详细啊！”

她笑了起来。“网络上都是你转他的，他转你的。有些是东家抄一些，西家再抄一些凑起来的。还有更可恶的，换个星座，换了一个日子，复制一下。”

见我不是很明白，她又耐着性子解释：“打个比方，本月摩羯座的运势，搞不好和大前年三月份的射手座一样。”

我恍然大悟，不过瞬间又疑惑了。“那你这些关于星座的说法又是从哪里来的？该不会和刘伯温一样，精通星象，能前知五百年，后知五百年吧？”说到最后，自是有玩笑的意味了。

她却一本正经地说：“观星象是对的，和刘伯温就不比了，我不是他的对手。再说了，我们观察的动机也是不一样的。他是观大，我是观小。纯粹就是自己的爱好，觉得好玩罢了。”

一个十三四岁的女孩，坐在我面前，一本正经地对我讲她会观星象……如果是个捋着胡须的老人家，指不定我会认定他是江湖骗子，但是，她不是，她只是一个稚气未脱的孩子！

我不知道别人听到这样的话会怎么想，反正我是瞬间凌乱了。我干笑着向她确认：“你说你是自己观星象？”

“对啊。很多少女杂志都有星座方面的内容，一开始看到的时候，感觉很新奇、很好玩。后来，我又忍不住买了很多星座方面的书籍，可是看得多了，我就发现了这样那样的问题。那时就觉得自己被糊弄了，很生气。我就想，不依靠书籍，自己观察星象了。”

“你是怎么找出这些星座的？”我吃惊地问，“买个天文望远镜，对着星座分布图，慢慢找出来的？然后再看什么星座的哪颗星星亮，哪颗星星再变亮？是这样吗？”

“逻辑上是对的。”她伸出大拇指称赞，而后吐了一下舌头，“我哪有这么厉害呀！上次一个同学过来，我把天文望远镜给她，告诉她往那边看就是什么星座，就在什么星座的旁边，几颗星组成的，她顺着我手指的方面拼命点头。其实，我也不知道那个星座在哪里，我刚才和你讲的都是胡扯的。就像我对你说网络上的都是假的一样，我说的也是假的。因为看那类的书比较多，所以这里背两句，那里背两句，再自己加两句，就行了。”

我冷汗直冒。“这样有意思吗？”

“有啊，同学们变得喜欢我了。以前他们的目光只落在成绩好的同学身上，想法和他们交朋友，但是自从我吹嘘懂星座，能观星象，又有同学证明之后，我的人气瞬间高了。昨天我告诉一个长得有点丑的女同学有人在暗恋她，她可意外了。一整天都坐得直直的，心情好得不得了。你说我这算不算在间接做好事?”

我哑然，接着找了一个理由慌不择路地逃跑了。

伪装一个爱好博取友谊，这样真的好吗?扯一个谎，得用多少个谎去圆啊，到最后，谎言撑不起谎言的时候，就会被拆穿了。那时，又怎么面对这一切呢?

人还是不要贪图这些虚的东西比较好，脚踏实地，才能心安理得地学习、交朋友。别人和你交朋友不是为了其他，只是因为欣赏你这个人，那才是最纯真美好的友谊，才能长久地保持下去。

❀ 梦想，用想象装点唯美

一刀倾城

“刀光剑影的江湖，不仅仅是男子的天下，还可以是好的舞台，女子白衣胜雪，月下舞剑，一剑泯恩仇。”

这句话从一个眉清目秀、笑容灿烂的女孩嘴里说出来，我确实有些惊诧。“你是说女侠客？你想成为女侠客？”

她咯咯一笑，说道：“这有什么不妥的？你看黄蓉多可爱。”

坦白讲，我觉得小青蛇更可爱。“喜欢金庸？”我问。

“嗯，是的。他的书我都看过，不过真正让我迷上武术的不是金大侠，而是李小龙。”她得意地看着我，“李小龙的电影我差不多都看过，他的截拳道打得行云流水，美妙得不得了。”

我的冷汗瞬间掉了下来，行云流水不能形容截拳道我是知道的，但是李小龙的那手双节棍功夫和截拳道有什么关系我就不得而知了。

“我只知道金庸和李小龙，对截拳道一无所知。”我耸了下肩，又怕她不信，再次补充道：“标准的武术盲，一窍不通。”

她扑哧笑了。“情有可原，没几个女的喜欢这个。我们班的女生啊，在一起不是讲金秀贤，就是讲李敏镐，再不然就是黄晓明、罗晋、李易峰。我都不懂这有啥好讲的，有这个时间还不如看看《李小龙截拳道》，这是李小龙的第四代嫡传弟子全程示教的，动作真是太美了。”她有些坐不住了，跃跃欲试地想要来练两招。

把我吓得不轻，要是就这般练起来，得吸引多少看客。我这坐在一旁，不也一起红透半边天了？好在她也有这个认知，最后还是果断地收住了姿势。

“什么时候开始喜欢武术的？”

她眨巴了一下她的大眼睛，认真地想了一会，说道：“我哥哥小时候体质很弱，年长我两岁，比我还要矮一些，总有小伙伴欺负他。那时我就想，要是我会武功，是个女侠客就好了，这样就没人可以欺负我哥哥了。当然，这只是自己胡乱想想罢了。后来，有人对我爸爸说让我哥哥学学武术，强身健体挺不错。爸爸就听从了他的意见。那之后，哥哥就开始学习武术，他在一边练，我就在一旁看。哥哥有些不感兴趣，一节课下来臭汗淋漓，老想着不去。我却十分感兴趣，就想着窜上去过几招。最后的结果是，我哥不去了，剩下的课我就去上了。那时妈妈担心学武术把她可爱伶俐的女儿摧残成女汉子，还反对过一段时间，不过经不住我一再地撒娇请求，只好答应了。那时我就很喜欢武术了。”

接着她话题一转，说起了她的担忧。“不过我也知道，对武术再喜欢，也只能维持一段时期。总有一天我也会长大，不可能整天无忧无虑地做着不切实际的女侠梦。但是，目前还没有到我放弃的时候。在没有放弃前，我都会坚持下去。”

“这样坚持的目的又是为了什么呢？”我追问。

她拍了拍自己的脑袋，又拍了拍自己的左胸，说：“为了不辜负自己这么多年的一个梦想。主动放弃和被动放弃是不同的概念，虽然都会心疼，但一个会留有遗憾，一个却是为了承担责任。”

每个人都有自己的梦想，但是梦想与现实的距离很多时候并不是靠着一个执念就能跨过去的。能认清现实与梦想的距离，理性地分析它，并不纯粹因为那是自己从小到大的一个念想，而忽视现实中摆放在那里的责任，这样的智慧让人肃然起敬。

我看着她，心想：生在古代，她肯定是个女侠客。

蝶　变

杜若给我发过一篇散文，写的是化蛹为蝶的挣扎，文中透着压抑与忧伤。因为正是“为赋新词强说愁”的年龄，我没有太放在心上，心想又是一个多愁善感的女生罢了。但我还是耐心地给她回了信，告诉她文字很美，意境不错，有几个细小的地方能修改一下更好。这事就这样过去了，自己也逐渐淡忘了。

没想到几个月后，她又给我发了一封邮件，告诉我那篇散文被某家报社录用了，对我当初的鼓励和建议表示由衷的感谢。出于基本的礼仪，我又给回了一封邮件，表示祝贺。

这一来二去的，和她混得也有些熟了。她告诉我她的梦想就是蝶变，但化蝶之前，她必须以蛹的姿态卑微地生活，滋味很不好受。我蓦地想起那篇散文，惊讶地问：“那是写的你自己？”

她承认。而后，我就约见了她。一开始她是拒绝的，说她小时候贪玩，爬桌子，碰倒热水瓶，右脸被开水烫伤，留有一块疤痕，看上去有些触目惊心。

我猜测这或许只是她拒绝我的一个借口。应了她的拒绝，显得我有些小家子气，会被一个不知道存在不存在的疤痕吓跑；不应她的拒绝，又好似我比较不识趣，人家都拒绝了，我还追着人家不放。

我犹豫了很久，不敢贸然回信。这一犹豫就是两个礼拜，她等我的回复也就等了两个礼拜。好在她还是一个比较明事理的女孩，没和我太较真，也有给我台阶下的意思，说要是不嫌弃她丑的话，就见一面吧。

于是，我就和她见了一面。没想到她说的是实情，印迹虽谈不上触目惊心，但还是比较明显。

“小时候还不懂这块疤痕对我的影响，直到上了幼儿园有小朋友对我尖叫，说我是丑八怪的时候，我才明白我是丑的。而后就是小学和初中……”她认真地掰着手指，“我现在初二了，这十多年的时间里，我最害怕的就是新学期伊始，怕班上出现新的面孔。熟识的同学看久了，也不会太在意我这道疤痕，但是新同学就不一样，他们明明吃了一惊，还要努力假装什么都没看到。但背过身去的时候，又会不停地用余光偷看，再或者拉着同桌问我脸上的疤是怎么回事。我最不喜欢这样的感觉了。”

“因为这块疤，你觉得自己是蛹，想化蛹为蝶，重拾美丽？”

“不然，还有其他的理由吗？”她不自然地摸了一下脸上的疤，“化蛹为蝶，重拾美丽，这对一个女生而言也算大事了吧，我把这当梦想也算合情合理吧。”

我摇摇头，说道：“正常是正常，但顺序说反了。”

她吃惊地看着我。

我故意停顿了一下。“为什么你是蛹，而不是蝶呢？你还那么年轻，以后还有那么多的机会，你应该把这种消极的认知扭转过来。你完全可以告诉自己：‘我不是蛹，我天生就是一只蝴蝶，现在只是在潜伏期，还没有长成，只能以蛹的姿态出现，但这并不能否认我是一只蝴蝶的事实。迟早有一天，我会成为美丽的蝴蝶！’”

她抬起头，望着天花板，哽咽地说：“你知道吗？从来没有谁跟我这样说过。”

不是所有的梦想都是很难实现的，比如杜若的。但是，并不是说梦想容易实现，过程就会轻松。相反，很多时候，我们经历的过程比失败这一结果还要可怕。因为结果只有两种情况：成功和失败。但是，过程却是多变的，我们不知道下一秒我们会面对什么，也不知道下一分钟的压力来自何方。最可怕的是，这种无形的压力还会摧残我们的意志。

所以，在追寻梦想的过程中，要学会给自己寻找一个积极正面的理由，那样才不会轻易被压力击垮。

拉库卡拉查

听到同学叫她“拉库卡拉查”的时候，我下意识地停顿了一下。这个名字很熟，但是，我一下却想不出来这个词到底是什么意思。直到有一天，在电梯里听到一个孩子唱“我的耳朵听见音乐，他们在跳拉库卡拉查，我的双脚奔向广场，急忙一起加入舞蹈……”的时候，我才想起：这不是那首有名的墨西哥民歌《拉库卡拉查》吗？

拉库卡拉查的意思是蟑螂。

叫一个女生蟑螂，这是多么不可思议的事情啊。难道这女生有诸多恶习，让同学们很讨厌？我一个人不着边际地想了很多，也没想出一个所以然来。后来，因故去他们学校，想起这事，我便问起他们班的一个同学“拉库卡拉查”绰号的由来。他有些惊诧地看着我，说：“拉库卡拉查有什么不好的吗？又好听又可爱，很符合她卡哇伊（日语“可爱”的意思）的形象，更符合她不屈不挠的小强精神啊！”不过，随即他又疑惑地摸了下脑袋，不好意思地说道：“不过被你一说，好像还真有点不太合适。幸好不是直接叫蟑螂，否则当真就不好听了。”

我从他的话里听到了“不屈不挠”这个词，就一下来了兴致，决定要见见这个“拉库卡拉查”。

她真的和她同学形容的一样，很卡哇伊。她戴着有草莓点的头箍，一张圆乎乎的脸，穿的又是娃娃领的衬衣，甚是可爱。虽然对她的可爱有了一定认知，但我不能认同这种名叫蟑螂的小生命很可爱，所以还是不敢把她同“拉库卡拉查”联系在一起。

“同学们为什么叫你拉库卡拉查？”我问。

“他们说我是打不死的小强。”她甜甜地笑着，一颗小虎牙露了出来，带着三分淘气，“我是好人好事先锋队队长，爱的链条项目的形象大使。完全没吹牛哦，我几乎天天都做好事，不仅仅是那种扶老爷爷老奶奶过马路的小事，诸如举报碰瓷、追恶狗这些大人都回避的事情我也会做。中间经历过很多困难，我却一直没有放弃。所以同学就那么说了。”

我让她讲几个实例，她却连连摆手，说讲出来、宣传出去有失她的初衷。

倒是后来她同学对我说了一件事，说某次放学途中，一个买菜回来的大妈，从马路边的隔离带里抱走了两盆不知道叫什么名的花。她背着书包足足追了五六百米，硬是把花抢了下来。同学说，那大妈说的话可难听了，可她却不急不恼，让一起回家的一个小伙伴去前面一两百米的花店买了两盆小绿植送给了大妈。同学说起这事的时候直乐。“你没看到那大妈见到绿植时的表情，瞬间无语了，拉着长长的脸，收也不是，不收也不是。最搞笑的是，那绿植可是她蛮横无理的见证啊，就像塞给她两个烫手的番薯，抱着丢人，不抱又舍不得，反正挺可乐的。她的零花钱全用在了这种地方，她那些橡皮、笔记本都是靠同学们救济的。不过，大伙也都认了，估计都在不知不觉中被她潜移默化地改变了。”

我突然想起拉库卡拉查说的话：“世界之大，不可能处处都是正能量，但是这不能妨碍我的认知，我要尽我最大的能力传播正能量。”

可见正能量的确能影响很多人。

回到家，我认真搜索了蟑螂这个生物，有一点信息倒是让我有些意外。那就是，蟑螂在恐龙时代就已存在，恐龙都没挨过大灾难，它却从容地活了下来。这也算最伟大的正能量了。

我瞬间觉得蟑螂这个称谓和她太名副其实了。

我们不能要求别人一直都有满满的正能量，但是，我们可以从自己开始，用暖暖的正能量去慢慢感染身边的人。这是我从这名女孩身上悟到的。

转角雾开

我第一次见她的时候，她还是一个初三的学生，刚刚在诗歌朗诵比赛中获奖。在颁奖台上，有人问她的梦想是什么，她对着镜头微笑着说：“我想出国留学，最好可以留在国外。”

遇到这种问题，一般的回答都是报效祖国、为国争光云云，突然冒出这么一个大相径庭的答案，提问者颇为意外，好在他也是久经沙场的人，打着哈哈，转换了一个话题就把这篇给翻过去了。

后来，学校播放这次比赛录像的时候，把她这段问答给剪去了。

几年后，我意外地又在某项比赛的颁奖台上见到她。她个子高了很多，原本的小圆脸有了拉长的趋势。主持人不知道当年的事情，又好奇地提了这个问题。她郑重地想了很久，然后轻轻地问主持人：“我可以不回答这个问题吗？”

主持人干笑，说这位同学好神秘哦！

我有预感，播放录像的时候，这段对话又得被剪掉了。

不过，我还是蛮欣赏她的个性的，有些迫不及待地想见她。颁奖一结束，我就把我的想法告诉了她的老师。

她如约而至。

我很自然地和她聊起她初三时的那场诗歌朗诵比赛，并告诉她，当时我就在台下，现在还记得当时她说想出国留学，最好可以留在国外时的情景。接着我又问她，这次她没有说是什么缘故，难道是梦想变了？

她神情有些奇怪，好半天才说：“你的记忆力真好。”

我笑了。其实并不是我记忆力好，只是碰巧遇到了某个人，碰巧记住了这件事罢了。套用一个很时髦的词，这个就叫作缘分。但是我无暇给她解释这些，只是静静地看着她。

她莞尔一笑。“其实我并不觉得我的梦想有什么不对，每个人都会对未知的生活怀有好奇，我只是想通过自己的努力，来解答心中的疑惑。”

她的话有些绕，我一时不是很明白，但仍点了下头，没有打岔，示意她继续讲下去。

“我们身边有很多的人都觉得国外的月亮比国内的圆。我的叔叔，我的爸爸，我的妈妈，我爸爸妈妈的一些朋友，见面吃饭时，他们会说中国菜如何如何，西餐如何如何。买套化妆品也会说国外便宜，国内贵。出去旅游，见到国人某些自私自利的行为，就会说这在国外就会被瞧不起……我因此有了很强烈的疑惑，不管是人是物，有优点肯定就有缺点，有缺点也肯定有优点，国外不可能什么地方都比国内好，他们一味地认为国外好是不是有些肤浅了？”

我表示赞同。

“但是没有真实的比较，我就没有发言权。所以，我就想顺应我父母的想法，去国外留学，最好能留在国外。这样，我就可以用我一生的时间对比国内和国外，将我的经历写一本书，阐述我的观点。”她呲牙笑，“我也不知道我的想法是不是有些天真，初三时还敢说出来，到高二就有些不敢了。不过，就现在而言，我仍然坚持我的梦想。”

我哑然。估计当日提问者被她的话震惊，怕她再说出什么更为崇洋媚外的话来，所以没敢继续提问下去。但是，如果真的再问下去，恐怕又是另一番不同的场景了。

我握着她的手，晃了老半天也没想到最能表达自己心情的词句，最后只能很笼统地说了一句：“你是最棒的。”

经过这个插曲，此后再和别人交流的时候，我会更加谨慎小心。大凡别人在说什么的时候，我都不会轻易去打断他们。我怕我自以为是的打岔，会让真相一直埋藏下去。

灵魂游走在6月的街

她自杀过三次，幸好都发现得比较及时，三次自杀未遂。

她的妈妈哭着找到我的时候，是她第三次被抢救回来后。“我也不知道这孩子怎么了，平常的时候，她都是很幽默、很快乐的。一开始，我以为可能是我对她的学习管得比较严，后来证明不是这样。因为她第一次自杀醒过来后，看到我时，很开心地搂着我的脖子，亲昵地说：‘妈妈别哭了，我继续听你的唠叨好了。’我们找了心理医生，可是并没有发现她有什么不良情绪，她并不压抑，很乐观。问她对现实生活有什么不满意的，每次问，每次都摇头，说挺知足的，只是她有自己的梦想。她还莫名其妙地说她那不是自杀，是圆梦。”

她哭得很凄惨，眼睛和鼻子都红了，嗓子也哑了，声音几乎发不出来了，要静下心很认真地听才能听清。

“这是第三次了，我也不知道她还会经历几次，会在哪一次再也醒不过来。这不是生活，是煎熬啊！”

听她说得这么辛酸，我的眼睛也发涩，但是心理医生都无能为力的事情，我不知道能帮她什么忙，有些不明白她来找我究竟是为了什么。

“你去见一见她吧，我知道她很喜欢你。就在自杀的前几天还听她提过你，说你约见过她的一个同学，同学兴奋得不得了，她好羡慕。”她满眼期待地看着我，“求求你去见她一次吧。”

我找不到理由拒绝，便在她妈妈过来后的第三天买了一个果篮，去了医院。

像她妈妈说的那样，她的情绪很好，并不低迷。见到我的时候，她惊讶地张着嘴巴，一副难以置信的模样。不过，她很快就笑得像一朵花，拉着我的手招呼我坐下。但因为身体还比较虚，她的脸色显得苍白，声音并不响亮。

“你这样的行为真不好。听说是第三次了，爸爸妈妈多伤心呀！”我给她削了个苹果，又忍不住地想说说她。

她显得有些不安，小声地说：“我和爸爸妈妈说过的，让他们不要伤心，我不是自杀，是圆梦。”

“你的梦是什么？”我追问。

她不再说话，在病床上静静地躺着。

一旁的妈妈有些尴尬过来给她拉了下被子。“兴许是孩子累了，要不下次再聊？”她看了我一眼，有乞求的意思。

我叹了一口气。也是，一直在失去的边缘徘徊的妈妈，估计承受不了我这么直白的问题了。我没有再追问，喂了她两片苹果，又随意闲聊了两句，就站起身来告辞。

她探出手，拉了一下我的衣襟。“阿姨，您不要生气，等我出院了，我再告诉您我的梦是什么好不好？”

我的心差点从喉咙里蹦出来，但仍故作镇定地说：“好。”

接到她出院的消息后，我第一时间去她家见了她。

她犹豫许久，几乎就在我以为她不会履行她诺言的时候，她才小心翼翼地望向我，说：“阿姨，你信不信穿越？其实，我真的不是自杀，我只是想穿越回去看看。我看过很多穿越的书，觉得很有意思。如果我能穿越回去，在古代应该也比较吃香才是。”

“你是说，你这么做，只是想尝试穿越？”我吃惊不小，“但是，这些穿越故事只是虚构出来的，不可能实现的呀！”

“没有试过怎么知道呢？”她小声反驳。

我觉察到了事态的严重。对一个初一的孩子而言，还不能完全领悟虚构。我一下子想不起来如何纠正她，觉得这是写作者的误导，可是又不知道如何挽救。怎样才能让她摆脱这种想法呢？

我在一个写手群上提了这个问题，一大堆写手在那里出谋划策，却没有谁有好的建议。最后一个学生写手私信给我，说或许可以尝试在她面前创作穿越小说。

再见她的时候，我抱着电脑，颇为苦恼地说要写一个短篇的穿越小说，却还没有构思好。她两眼放光，问：“是穿越清朝吗？我摇头，说准备写回到秦朝的。“男主角是秦始皇？”“不是，是吕不韦。”

她温顺地趴在旁边，看我写大纲，还一再抱怨为什么不是秦始皇。我说可能这两天我觉得吕不韦比较帅吧！

她有些不服。我回去后，她也开始写小说，先写清朝的，四爷还没出场，就废弃了，觉得人物太麻烦。她又写朱元璋，但明朝史她又不太了解。写着写着，她自己也觉得不好玩了。

“原来穿越都是作家编出来骗人的呀！”她万分遗憾地告诉我。我暗自舒了一口气，她的爸妈终于不用再担惊受怕了……

因为年轻，我们还不能看懂所有的真相。所以，不要把重要的决定当秘密，要试着和大人多交流。那是对自己的人生负责，也是对父母的人生负责。

旋转的舞台

她的故事在同学中间流传甚广。故事说的是，当年一个知名音乐人来学校想收一个弟子，学校推荐了她和另一个女生，貌似交谈后那位大师对另一个女生更为中意，结果是大师刚走出音乐教室，她就跪在了那个女生面前，声泪俱下地求她放弃这个名额。

那女生扛不住她的乞求，答应了她。不过，她的运气不大好，大师突然身体不好，去医院检查，肝脏还是肾脏出现了一点问题，为了休养，最终放弃了收徒一事。

因为那段往事，她在同学中的口碑不是太好，说她为了成名不择手段的有，说她欠缺一些基本素养的有。只有一个老师很中肯地对我说："她身上也不都是缺点，她的努力、她积极向上的心态是其他同学远远比不上的。"

那时她已进入高一，那件事已经过去两三个年头了，也不知怎么的，故事还是传到了她现在的学校。偶有披着正义光环的同学会当面对她讽刺嘲笑，她也没有太多的表情，因此有人就说她的脸皮厚。我和那位老师的观点有些一致，她的行为为什么不可以理解为坚韧呢？

通过那位老师的介绍，我找到了她。

"你也是为了那段拜师的往事来找我的吗？"她平静地看着我说，"那是真的，但我下跪并不是在大师相中她后，而是一起去见他之前。大师见到的其实只有我一个。我想成为大师的徒弟，想有一天也能够如他一般站在大大的舞台上，享受无数的鲜花和掌声。”

虽然她表面上并没有流露出什么，但是她的话让我明白，她很抵触这次见面；如果不打开这道防御，她从头到尾都会像刺猬一样，和我保持足够的距离。

我在心中稍稍酝酿了一下，说道：“朱老师和我聊过你，分析了你很多的优点，比如你的努力以及积极向上的心态，这些其他同学远远比不上。所以，我想了解一下你。”她不言语。我顿了顿，慢慢补充道：“你要相信，我是因为欣赏你而来的。”

她一直紧张的表情慢慢放松下来。

“小学五年级，我的爸爸和妈妈离婚了。妈妈想来看我，却被爸爸拒之门外。很多次去学校，我坐在爸爸的车里，看见妈妈就站在不远处的角落里偷偷看我。同学们都说我有一颗求胜的心，说我一心想着成名，我不否认这样的说法。我不在妈妈身边，妈妈想获知我的消息，必须通过其他的同学，我不想妈妈从他们口中听到的消息是‘还好啦，考了最后一名’。所以，像朱老师说的那样，我很努力，但是我的努力不像他理解的那样高尚，我只是不想让妈妈太丢脸，不想妈妈因为丢脸而放弃我。”

她思量了一下，接着说：“那些家庭完整的同学是无法理解我这种没有妈妈的孩子，想见妈妈却见不到的苦楚的。我想她，又不能见她，还担心她听到我不好的消息时会忧心，所以我只有拼命地努力。我向往舞台，一方面是因为我有唱歌的天赋；另一方面我想，当我光芒四射地站到舞台上的时候，妈妈就不需要再向别人打听我的消息了。即便我们之间没有任何交流，但是只要我站在舞台上，她就能一眼找到我。她就会知道她的女儿活得好好的，一直没有忘记她的话，一直坚持着最初的梦想。”

一个孩子背负着这么多，我多少有些唏嘘。

她却摇头。“你不用同情我，我这样挺好。压力和动力是相互转化的，我觉得这些压力还击垮不了我。”

她没有太高兴，也没有不高兴，但是眼神是坚定的，像个即将奔赴战场的勇士。直到她离开，我仍然无法让自己平复下来。

我们没有资格去讥笑别人为实现梦想而付出的努力，因为他们有我们无法看到的辛酸。如果不能给予别人关爱与支持，也请不要肤浅地妄加评论。

他们经历的，或许只是幸福的你不曾经历过的。

没有结局的故事

“可以把寻找一个陌生人当成梦想吗?”

8 月，外面骄阳似火。我和小五坐在小狐狸的甜品店，端着刨冰和蛋糕，吹着冷气，耳朵里飘进的却是荡气回肠的“那一年的长安飞花漫天，我听见塞外春风泣血……”

小五一直在寻人，最初我是听糯米哥说的。好像是两年前，小五从西安看兵马俑回来，就变得不太一样了。原本异常吵闹的姑娘话莫名变少了，有时竟然可以坐在那里两个小时一言不发。

当时，糯米哥正在热恋中，断然没那个闲心去深究小五的异常，挨不住我一再提问，他总算从女友那里挤出一点时间给我。

“操那么多心干什么，顶多是少女怀春，多了一点多愁善感的情绪罢了。”听完我对小五的担心，他甩下这句，就又和女友卿卿我我去了。

当时我就感叹，友谊这东西果然是靠不住的，在爱情面前，它就是粘在鞋底的口香糖，让你扔了鞋子的心都有。

好在有了他的这句话，我也就放心地安排我自己的旅游线路去了。

我原本就是比较马虎的人，在某景点排队上厕所的时候，好不容易轮上，一兴奋，手机掉马桶里了。心疼固然是有的，焦躁也是有的，但想到终于可以不用理会一个个电话，安然地过我的世外桃源生活了，一下又窃喜得不得了，乐呵呵地跟着旅游团继续走，玩起失踪了。

回到家，重新添置了手机，装了卡，刚开机，就来了一大堆短信和留言，我兴奋得不得了，觉得被这么多人关心着，真是幸福啊。我拿着纸和笔一边翻手机一边统计，这个是要回电话的，这个短信可以不用回。还没处理一半，糯米哥的电话就打进来了，声音很急躁。“你总算开机了啊，我都打了不下 100 个电话给你了。”

我看了眼刚刚统计的纸片，很认真地说：“没有，你只打了 87 个电话。”

估计他那时拍死我的心都有了，电话中叫喊着：“还有短信，短信!”

那个不是还没统计嘛！我很淡定，坏坏地想那小子的第五次热恋怕是又黄了……哪知这次他的癫疯症状无关他的热恋，倒是和小五有关。他说，小五在找一个人。

原来小五和同学去西安旅游的时候发生了一段小插曲。他们被一个扒手盯上，扒手行窃时，小五正好发现，于是高叫抓贼，窃贼的刀就直奔她而来。好在旁边的一位男士眼疾手快，生生用胳膊帮她把刀挡了下来。

糯米哥唏嘘地补充说：“大夏天的，光胳膊啊，这勇气可不是一般人能有的啊。”

那窃贼最终被围观的群众制服，送到了公安局。可小五和同学终究还小，哪见过这样的场面啊，吓得脸色都惨白了。他们也无心再跟着旅游团逛西安了，整天缩在酒店里，等着归期。等想起应该去看看那位大英雄的时候，大英雄早已不知所踪了。

“公安局不是应该有记录的吗？逮了扒手，他应该去录口供的啊！”我问。

“按理说是这样的，但是那人受伤了，就先去医院包扎了，等到警察去录口供的时候，他已经不在医院了。小五回来后消停了两天，你出去旅游后啊，不知怎么的，突然就定下了目标，要寻找大英雄。反正吧，那之后我的手机就没消停过，她想到了什么就打我电话。你再不回来，我的第五段热恋怕是维持不住了。”

小五的寻人事业开始闹得很凶，但慢慢就不那么激烈了，没想到时隔两年，她又提起了这件事。她说隔得越久，能找到的概率越低。但是她又不想舍弃这个念想，就把这个当一辈子的梦想保存着吧。

梦想，不一定有多轰轰烈烈，自己想做的，就去做吧。

芦苇花也可以芬芳一季

“人生就像皮糙肉厚的大西瓜，你以为熟了，它可能还没熟；你以为还没熟，它可能已经熟透了。”

顾秋给我打这个比方的时候，我一口茶呛在喉咙里，差点喷了出来。咳了好一会儿，我才缓过劲来。“这个比喻太劲爆了，我有点儿吃不消。”

然后，换她咳了半天。

顾秋是学校的公众人物，要不是我和她躲在小包厢里，估计这会又被校园狗仔队偷拍成功，放到校园网的论坛上，被一群人评头论足了。

顾秋的成名很具戏剧性。放学的途中，有只流浪的小狗一直跟着她走。她对小动物没有太多感情，便弓着身子恐吓小狗，说再跟着就把它炖了做狗肉火锅！没想到这一幕被一个同学抓拍成功，摄影的角度还刚刚好，明明是憎恶小动物，偏偏被拍成了含情脉脉。

照片被贴到学校的论坛后，拍照的同学自己没火起来，却把顾秋捧红了。同学对顾秋各种吹捧，各种表扬。她实在受不了，偷偷注册了一个小号，说了一句实话："我没看出顾秋有多爱小动物啊！"因为这句话，她差点被口水淹死在论坛上，吓得她赶紧逃了出来。

而后各种称谓从天而降，"环保小卫士""爱狗协会会员""小动物之家代言人"……

顾秋委屈地看着我，说："我哪是这么有爱心的人啊，虽然谈不上厌恶小动物，但绝对扯不上喜欢啊。可是，他们非得说我热爱小动物，说我是小动物的朋友。我总不能一直推辞解释，说我不爱狗，我不爱猫，大家误会了，都散了吧，散了吧。别说我没说，就算我说了，他们也只会以为我谦虚，搞不好又给我贴个大标签，然后又是一堆的奉承，非得把我压垮不可。"

"这样不好吗，有很多人羡慕你这样呢？"我笑着说。

"好什么呀，我现在可悲催了，以前还可以肆意妄为地瞪一眼小动物，现在可好，即便它们蹲在我面前拉屎，我也得带着虚伪的笑，含情脉脉地看着狗狗说你好可爱。"她作痛哭流涕状，"我以前是多鲜活的一个美少女啊，想穿啥衣服就穿啥衣服，头发凌乱点，鞋子沾点灰尘都不是什么事，可是现在完全不敢这样。有一次，我忘了额头上还夹着妈妈的小发夹，就出门了，也不知被哪个大侠发现，放到了论坛。然后同学们又开始对我的发型和发夹进行评价……那个礼拜，我总共收到了 61 个小发夹……现在，我出门前会认真照三次镜子，确保自己浑身上下没有一点不妥才敢出门。我太害怕了，这 61 个小发夹我可以装在一个袋子里放进抽屉。要是哪天我的鞋子出了状况，真收到 61 双鞋子得放什么地方啊？难道我还能为了鞋子让我老爸给我换套大房子啊！"

我报以同情的目光。她接着说：“我现在唯一的梦想就是我可以重新找回以前的自己，努力和公众人物撇开关系。如果时光可以倒回去，我肯定不会去欺负那条流浪狗。那样我就可以过自己想过的日子了。”

光环笼罩、众星捧月一般的感觉，年轻人们很受用。这能满足他们的虚荣心，觉得自己是世界的主宰，整个小世界都在为自己改变。但是，一直处在这样的环境中，也让人心累。我们因此失去了自我，完全被动地活在别人的世界里。其实，人生最大的快乐，不是被众人羡慕，而是可以平凡地过每一个日子。

就像河畔默默生长的芦苇花，虽然平凡无奇，却也可以芬芳一季。

永远 55℃

见苏珂的时候，我感冒刚好，不敢喝其他的饮料，就带了一个有卡通图案的智能水杯，能使杯中的水恒温 55℃。

苏珂对着我的水杯看了很久，我以为是水杯上的卡通图案吸引了她。毕竟我这么大的一个文艺青年抱着一个卡通图案的水杯，的确是有些不伦不类。

我就略微解释了一下，她没有再多言语，不过接下来的交谈过程中，她还是几次三番地把目光落到我的茶杯上。

难不成喜欢我的茶杯？

我和她没有边际地闲聊着，先是学业，后来是老师，说着说着就说到了梦想上。她指着我的茶杯说：“我的梦想就是能永远 55℃。”

需要这么直接吗？我干笑。“实在喜欢的话，等下我买个给你。”

她疑惑地看着我，突然明白了我的意思，扑哧笑了出来。“我喜欢的是恒温，不是你的茶杯。”见我不解，她解释道：“我说的是相处的模式，不是忽冷忽热。”

我恍然大悟。

苏珂家与我们在同一幢楼，因为工作性质不太一样，平常的交流也不是太多。不过，对于她家的一些情况我还是有所耳闻，这一切还要从我家隔壁的男邻居说起。

男邻居和苏珂的爸爸是多年的牌友，相仿的年龄，精力都不错，差不多每个晚上都会安排一场不算大也不算小的牌局。他的运气比较好，赢的概率比较高。但是苏珂的爸爸就没有这么好的运气，经常三百五百地往外输钱。

打牌的人心态好的，还能看淡输赢。但不是每个人都心态好，再加上老是输，情绪肯定受影响，到家后不是埋怨这个，就是埋怨那个。苏珂的妈妈也算是好脾气的女人了，但也经不起他一再的无理取闹，再加上输出去的钱越来越多，她越想越心疼，于是两人吵架就不可避免了。

三天一大吵，两天一小吵。每每半夜，突然有吵闹的声音，即便不是他家的，也会有人睡眼蒙眬地问：是不是苏珂家又吵架了？

当然，也不是天天吵架。偶尔赢钱，他也会在第二天下班的时候，给老婆买枝花，给女儿添道菜，也有点贤夫良父的范儿。

苏珂很是无奈。“你说吧，爸爸和妈妈原本都不是坏脾气的人，明明可以让家庭和和睦睦的，可是呢，因为打牌，家里出现很大的隔阂。要不是家底原本还不错，真不知道会怎么样呢！”她的下巴枕在桌面上，“我很羡慕那些家庭和睦的同学，常常讲妈妈怎么啦，爸爸怎么啦。他们的快乐很纯粹，一直像没有长大的孩子，可以在父母身边撒娇。我呢，为了让他们少吵架，会主动分担家务，会帮着爸爸说谎。我不奢望爸爸完全放弃他的爱好，但至少要有节制，不要让我整天提心吊胆的。现在，我白天在学校上课就会想，爸爸晚上会出去打牌吗？爸妈会吵架吗？”

我无从回答她的问题。坦白讲，她的梦想在很多家庭都不难实现，但是在她家却相当难。不是说她的父母不爱她，只是他们还不够爱这个家。把私人的爱好凌驾于家庭整体的和谐之上，这样的爱太自私，完全没有顾及家庭其他成员的感受。

我们永远不是脱离家庭的个体，成员因为自己的一己之好，而忽视了家庭的经营，那其实是对亲情最大的辜负。

画纸上的向日葵

老师向我抱怨说：“我从来就没遇到过像久久这么调皮的孩子，用个小号加我 QQ，告诉我，是久久的爸爸，问我久久在学校的表现如何，有没有犯错，有没有给老师添麻烦，三天两头地和我交流一番。开家长会的时候，我当着全体家长的面表扬久久的爸爸，说做家长的就得像久久的爸爸那样，即使工作再忙，也不要忘了关心孩子的事。久久的妈妈听我这么说很惊讶，就问我是不是久久爸给我打电话了。我说没有，一直 QQ 联络着。她苦笑，说她爸爸不可能这么关心孩子的，这人肯定不是久久的爸爸。等到久久爸爸再在 QQ 上出现时，我愤怒地问他到底是谁。见瞒不下去了，她才老老实实地回答是久久。”

我一下笑了出来。“比我当年还调皮啊！”

老师上下打量了我一番，才不屑地对我说：“你和她完全不在一个档次上。”

我大乐，随后有些好奇，便问道：“久久的爸妈离婚了？”

“没有。”老师说，“具体情况她的妈妈也没有说，大体说她爸爸是很不负责任的那种。虽说老师得关心学生的生活情况，但是我一个大老头一天到晚盯着人家的家事追根究底，这也不合适啊！”

我赶紧往后退了几步，但明显还是迟了。“做学生的给老师分担一下任务也是应该的吧，这事就拜托你了。”果然老师把这事推给了我。

久久在我面前坐下后，小心翼翼地问：“您找我？”

我点头。“听老师说你很调皮，比我当年更甚，我就有些不服，所以一定得见见你。”

“原来是师姐！”她的脸上洋溢着兴奋的笑容，一副相见恨晚的表情。

我询问她QQ的事，她咯咯笑了起来。“是有这回事，知道实情的时候，老师气得脸都青了。”她吐了吐舌头，“其实我也不是故意的。一开始爸爸的确有向我要老师的QQ号，说是要询问询问我的成绩，但是他说了一次就没下文了。”

看她有些失望，我接话说：“或许爸爸工作很忙吧。”

她笑了。“其实你也不用安慰我。我现在也14岁了，像妈妈说的，爸爸只是一个还没完全长大的男人罢了，玩心太重，责任感又太轻。他的工作固然很忙，但还不至于加个QQ的时间都没有，只是他没把我的事放在心上罢了。我就想，你不把我的事放心上，我自己把自己放心上还不成啊，所以我就用小号加了老师QQ，没想到一个家长会就把我拆穿了。”

“这件事终归还是你的不对。”

她重重地点了几下头。“其实，和老师交流的过程中，我也很有收获。我觉得吧，以后我一定是一个好的家长，会很认真地和老师交流，了解孩子的动向，看他有什么不足，有什么可取的地方。”

“这算你的理想吗？”我笑着问。

“应该算不上吧，我的理想只有一个，就是爸爸能认真地参与到我成长的过程中来。”她没有看我，假装很随意地说：“我 14 岁了，可是他没有参加过一次我的家长会，没有给老师打过一个电话，甚至不知道我的老师是男是女。”

我没有接话。

她沉默了一会，叹了一口气，说道：“我的理想很难实现哦！”

我有些同情她，但是并不担心她。不是每棵向日葵都能快乐地对着太阳盛开，就像梵高的向日葵只能怒放在画纸上一样——没有太阳，也不会妨碍向日葵的盛开。

但是，如果有太阳，为什么还要让向日葵孤零零地盛开呢？父母给予孩子的一些小关怀，在家长眼里可能是可有可无的一笔，但是在孩子眼里，或许就是整片天空。

✻ 自由，寻找另一个真实的自己

胭脂色

她个子很高，头发剪的比板寸略长，身穿简洁的白色T恤和背带裤，从背后望过去，就是一个清爽的小男生，倒也符合假小子这个称谓。

可能是我看她的时间有些久，她有所发现，回头狠狠瞪了我一眼，接着转过头去。但突然又想到了什么一样，再次回头，吃惊地问："你是——"

我点头。

她的脸飞起两朵红云，脖子也瞬间红了起来。"不好意思，我不知道。"她捂着脸，女儿态十足。

即便外表再如何像个小子，她终究是个女孩儿啊。我笑了。

我和她顺着那条街走了一段，她多少有些拘谨，几次差点踩到自己的脚。我假装没看见，和她天南地北地聊着。她显然有些不太适应，抓着自己的手指兀自揉捏着。"老师对我说你要找我聊聊的时候，我的心差点从喉咙里蹦出来了，一半是兴奋，一半是紧张。我和几个要好的同学坐在一起商讨了老半天，也没想明白你为什么会找我。我实在没什么特色，成绩一般，家庭条件一般，性格上也是随大流。一定要说特色，估计就这头发了……”

她看我一直笑，便自嘲地说：“你不会为了我的发型而来的吧？”

“不介意的话，你可以说说。”我暗自寻思，我这话接的也算应情应景吧？

她的嘴角一撇，见我没再说话，只得跟着我的话头说了下去：“我妈妈是发型师，深知发型对人的重要性。为了让我变得丑一点，她就坚持把我的发型整成这个样子。她说变丑了就可以挡去烂桃花，不用太担心早恋了。妈妈是早恋的牺牲品，她觉得如果当年不早恋，或许就有不一样的人生了。所以，在我初一入学时，她就给我整了这个发型，5 年时间都没变过。”

她再次摸了一下头发，有些不好意思地问我：“是不是丑过头了？”

我当然极力否认，接着，我问她：“你很在意这个发型？”

“也不是在意不在意的问题。”她吸了吸鼻子，“女孩子嘛，总想漂漂亮亮的，谁愿意搞得这么男不男、女不女的啊。初中三年，每年我过生日的时候，都许一个愿望，初中毕业拍毕业照的时候，可以像正常女孩一样，有一头长发，可以穿裙子。可是这个权利被妈妈剥夺了，妈妈说还不是时候。现在，我就指望高中毕业之前可以把头发留起来，让高中毕业照上的自己不要太丑。我和妈妈商量过几次，不过妈妈都没搭理我，希望貌似很渺茫。妈妈是一心要我丑到没朋友。”

我安抚她一番，答应可以试着和她妈妈谈一谈，她拒绝了。她说，不管借谁的口说出来，主角都是她。即便妈妈勉强答应了，妈妈心底还是不舒服的。看来，她还要继续假小子下去了，不过，她眼里的渴望和向往还是显而易见的。

我莫名想起《十里红妆女儿梦》中的诗句："待我长发及腰，少年娶我可好。待你青丝绾正，铺十里红妆可愿。却怕长发及腰，少年倾心他人。待你青丝绾正，笑看君怀她笑颜。"然后，有些怔怔出神。

爱美是女孩的天性，花木兰从军回来第一件事就是脱下男装换女装，对着镜子贴花黄。如果花木兰穿越到现在，看到长发、胭脂、裙子，这些属于女孩的标签被家长以各种闻所未闻的理由剥夺后，不知道有何感慨？

不过，好在高中毕业后，还有漫长的人生路要走，还有足够的时间弥补被人为遏制的美丽。

我只能用这句话宽慰她，只是不知道她若干年后看着中学时期的毕业照时，会有什么样的感触，是感恩父母的智慧，还是始终抱有那么一点遗憾？

爱美不是罪过，是面对人生的积极态度。作为家长，应该给予孩子充分的选择权。

闲听落花

一年四季，她都躲在她的阁楼里。早晨，她在窗前读英语，偶尔有几只调皮的鸟雀从她的窗前飞过，立在窗沿上不想离去，妈妈就会飞快地跑上来，一边"去去去"地驱赶着鸟雀，一边恶狠狠地把窗帘拉上。

"那不是我的家，就像囚笼。"她蹙眉，"囚笼知道吗？我就像金丝雀一样被关在里面，吃好的，穿好的，享受着满满的爱，但却毫无自由。"

"毫无自由？"我重复。

"是的。"她的背挺得很直，两腿并拢，向一侧略微倾斜，明显看得出她接受过很好的礼仪教育。

怕她的情绪变得更糟，我故意转换了一个话题。“你很有大家闺秀的范儿，是不是接受过礼仪课程?”

虽然她尽力保持着她原有的姿态，但表情明显舒展了一些，我知道她还是很在意自己的礼仪的。

“我的妈妈就是个礼仪学者，出过几本礼仪方面的书。上次，国外几所学校的校长到我们学校访问，我作为接待方的小代表，和他们有过 30 分钟的接触。整个过程我和他们全英文交流，他们惊讶得不得了，觉得中国的初中生能讲这么好的英语、有这么规范的礼仪，真是太不可思议了。”

“这个时候你是不是觉得不自由的生活还是有点用处的?”我笑着说。

她的一只手抬起来，落在另一只手的手背上。“其实吧，我也不是说我现在的这种生活不好。虽然课外我还有很多课程，但是这些对我人生有益的课程，我还是不排斥的。就像英语，每天我课外用在英语阅读上的时间不低于一个小时，每个周末爸爸还会找那种原版的英文电影给我看。看完要做总结，说说电影讲了什么，有哪些好的台词，看完后有什么感想，等等。我从小学三年级就开始接受这样的训练。电影如果看不懂，总结写不出来，就再看一遍。这个过程是很枯燥乏味的，别说我这个年龄的人了，就是很多大人也不见得能坚持下来。可是，我却没有放弃，一直坚持了那么久。我能坚持下来，原因只有一个，就是我有一个迪士尼的梦想，想去美国迪士尼乐园看看。”

我静静地看着她。

她接着说：“梦想的确能给人动力，但这种动力不是无穷尽的，而且这也不是我唯一的梦想。我也需要有自己的时间，去编织自己的梦，对不对？但是，爸爸妈妈在发现我有学习语言的天赋后又给我报了日语、法语的学习班。他们说我学习语言有天赋，我觉得谈不上天赋，只是我花的时间比较多罢了。虽然在这两门语言的学习上，他们对我没有太大的要求，但这却也占据了我太多的时间。这让我变得烦躁。有时候我躲在书房里，放着日语或是法语的录音带，却偷偷地闭目养神。”

我点点头，表示可以理解。

她把叠着的两只手分开。“但是，有一天妈妈进来给我送水果，发现我睡着了。那之后，妈妈只要有时间就会陪在我身边，我真的毫无自由了。其实，我的要求真的不多，偶尔看看日出，听听风吟，或者和同学一起看看电影、喝喝奶茶，我就满足了。但这些现在看来有些遥不可及。坦白讲，父母对我的高压管制的确满足了我很大一部分的虚荣心，但是虚荣过后，是更大的寂寞。”

她的寂寞从眼梢慢慢地渗了出来，像氤氲的水雾，慢慢把我吞噬了。

这样的故事我听得很多。父母对孩子的管制与孩子向往自由之间的矛盾，就像捆绑在一起的两个人，这边的绳索松一些，那边就勒紧了。常有人说现在社会压力大，所以不能让孩子输在起跑线上。其实，孩子有什么输赢？谁快乐，谁才是最大的赢家。

有时候，孩子身上的压力很大程度上不是来自社会，而是来自亲人的期望。

闲听落花，很难吗？

一剪简静时光

谈到兴头上的时候，她低声问我：“我能和你分享一个秘密吗？”

“当然。”我点点头。她从座位上站了起来，神采奕奕地对我说：

“你跟我来。”

江南的雨水比较多，出去的时候，外面不知何时已经淅淅沥沥地下起了雨。她有些懊恼，又怕我退缩，便抢在我前面说：“就前面很近很近的地方，反正雨不大，我们就不要等了，直接冲过去。”说完，她便双手抱头冲进雨里。像是要证明她说的没错，她再次转身，对我说：“你看雨真的不大，对不对？”

我站在廊下看她，绵绵的雨丝飘到她的手背上、胳膊上、衣服上、脸颊上……我没动，她也没动。

我不知道这一刻两个人都在执拗地坚持什么。我们中间就像有根无形的绳子拉扯着，两人在偷偷地使着力。是我过去，还是她过来呢？

终究还是我退了一步。“雨不大，走慢一些，我穿的是高跟鞋。”

顿时，她欢呼雀跃。

她说的地方并没有像她说的那么近，路上她几次偷偷看我，还不住地说：“马上就到，马上就到。”但是我们还是走了好几条街才到达目的地。

我的外衣有了明显的水印，快湿透了。

她在包里翻找了一下，掏出纸巾殷切地递给我。纸巾我包里也有，但估计我不伸手接她给的纸巾的话，她会不安。于是，我伸手接过，在脸上轻微地抹了一把。“你自己也擦一下吧。”我对她说。

她慌忙摆手，说：“没事没事。”说的时候一滴雨水顺着她的发丝掉了下来。终究还是一个孩子呢。我抽出纸巾，轻轻为她擦了脸和头发。

见我没生气，她爽朗的性格再次显现。“我知道是有一点点远，但我怕你不愿意跟过来，所以才说谎的。”

她带我去的地方是一个小型的咖啡馆。咖啡馆只有十几平方米，且偏离闹市，在一个不出名的小巷子里。咖啡馆的老板是个胖乎乎的女人，貌似和她很熟，冲她点了点头，并没有多说话。

她轻车熟路地拉着我从小木梯上去。小木梯似乎难以承受这种重量，咯吱咯吱地叫着，听得我直发憷。

"在下面不行吗?"我小声问。

"秘密被我藏上面了。"她笑着说，"我常常过来的。这里的老板是一个同学的姐姐，人可好了。我们过来喝咖啡，她都会送一份小甜点。"

"那她岂不是很亏啊?"我打趣道。

她嘿嘿笑了起来。

因为没有过多的摆设，小阁楼看上去比楼下空旷了一些。摆放的不是下面的小长桌，而是很小的圆桌子，随意地摆了三四张。她没有驻足，直接冲到阁楼靠里面的一扇小窗前，随即低声招呼我说："你快来看。"

我疑惑地走过去，顺着她投向外面的目光，我看到一个树杈。棕色的树杈上，有一个小小的鸟巢。

"这是麻雀的鸟窝。"她兴奋地对我说，"我就是坐在这边的椅子上，看着麻雀衔来一根又一根枯草的。第三天过来的时候，我就看到鸟窝了。现在小麻雀都已经孵出来了，我查过资料，估计过几天这儿就要成空巢了。"

"你经常过来?"我问。

"是的。有时候带着书过来，有时候带着作业本过来。但是这都是为了让爸爸妈妈宽心的。其实吧，我更喜欢坐在这静静地看着窗外。这个时候，我就会觉得时间都是我的，学习的压力一下子释放，焦躁的情绪也瞬间就没了。我把这叫作排压式静修，不过爸妈是不会理解的，他们只要看到桌上铺着书，就感到欣慰了。"她坏笑，一脸的洋洋得意。

离开的时候，她依依不舍地看着窗外的鸟巢，问我："小鸟会飞了，会去哪里呢?"

"碧海蓝天，天涯海角。"

她没有说话。

我后来也来这里小坐过两次，后来就没再来了，一是因为开车来这里不方便，二是因为徒有空鸟巢。

那段时间我正好在学校作统计调研，每天我看着背着大大的书包进进出出的学生，总会莫名惶恐，心想压在他们心头的重量到底有多少啊。有时我也会想，他们中间有几个人会偷偷地躲在某个地方，可以全身放松地享受一剪简静的时光呢？我还会想，他们看到过鸟巢吗？

风铃是天使的声音

我的一个朋友很喜欢风铃，我读书的时候，她送我风铃；我工作后，她还是送我风铃；甚至我结婚后过生日，她仍会送我风铃。

我问她风铃代表什么，她说是希望。

那时我还不是很明白她说的意思，直到我遇到阿北。

阿北是个学模特表演的高职生，十六七岁，个子很高，身材极好。为了掩饰真实年龄，她会化很浓的妆。她常年在批发市场那边的网店一条街转悠，期待着被哪一个正想给店里商品拍宣传照的老板相中，签上两单，挣点外快。

我是很少去那地方的。说来凑巧，一个在外地的朋友出差路过此地，出门前他爱人要他带几套不错的四件套回去。于是他找上我，要我带他去这个全国最大的床上用品批发市场看看。

这份地主之谊肯定是要尽的，我二话不说，接到他就往那里赶。在一个店里挑四件套的时候，老板娘很热情，拿出床单介绍起来。朋友弓着身子，猛力地甩开床单的时候，恰逢阿北经过，手肘子恰巧就碰到了她的包。

包应声而落。咣当一声，有硬物碰到地面破碎的声音。姑娘当即惊呼着扑了过去。

这场面完全吓着我了。我看了看店铺的老板娘，又看了看这个化着浓妆的姑娘，寻思着该不会这么倒霉，把什么古董给弄碎了吧。

好在我害怕的这些都没有发生。姑娘的手机拿在手里，包里除了一个小型的化妆包，还有一本影集和一个瓷风铃。

很显然，瓷风铃碎了。

幸好不是太值钱的东西，我松了一口气，主动要求折个价赔偿。

她蹲在那里捧着风铃嘘唏了很久，在朋友再三表示要赔偿后，才抬起头不冷不热地说："我不差这个钱。"

她走后，老板娘向我们说起了这个姑娘的情况。"那姑娘也是蛮勇敢的，十六七岁的年龄就在这里闯了。换了一般的姑娘，缩在校园里啥都不懂呢，可是她呀，从很多老牌野模手里抢肉吃呢，把那群老野模得罪得不轻。看着是简单地在镜头前摆几个姿势，其实相当不容易啊。"

"她才十六七岁？"我很惊讶。

"是呀，怕年纪太轻，受欺负，故意化很浓的妆。这还是上次一个摄影师告诉我的。听说她在什么学校上学，还没毕业，只是勤工俭学来着。"

老板娘说了很多，但都是道听途说的话，我也没往心里去。朋友说那姑娘没有为了博取同情出卖家人，编造父母双亡、弟弟还在读书这种谎言已经很不错了。

我表示赞同。

原本以为这只是一个小插曲，过去就过去了，没想到中午在餐馆吃饭的时候，我又遇到了阿北。因为之前碰坏了她一个风铃，多少心里有些亏欠，便邀她一起用餐。

这次她没有拒绝。

饭桌上，我们逐渐熟络起来。我就问她那些道听途说的事情，她听后不以为然。“哪有这么多勤工俭学啊，是学校鼓励我们出来实习的。我就是一个高职生，估计以后也只能在这种小地方混混，所以就先来锻炼锻炼。”

“遇到的问题挺多的吧？”朋友问。

“那是肯定的。不过，没风铃坏了更严重，我都不知道晚上能不能睡着了。”她有些懊恼地叹了一口气，“我习惯挂着风铃睡觉。”

见我们不理解，她接着说道：“我很喜欢风铃。它寓意比较好，就是想念。把它挂在窗边，许愿的时候，风铃响了就代表天使听到了，愿望就能实现，同流星一样灵验。女生嘛，总有这样那样的秘密，会许很多很多的愿望，只要有风铃在，心情就会放松，觉得自己现在面对的都不是问题。所以每次出来的时候，我都会带个风铃。”

朋友一下子尴尬起来，不好意思地说：“那等一会再买一个吧？”

“这个就是我自己的问题了。”她淡淡地说。

我认真地思考了一下她的话，转而问她：“风铃对你来说意味着什么？”

她思索了一下，说：“或许是同病相怜吧。风铃只能随风而舞，不能自己选择舞动的角度和方向。我想我也是这样。”

因为一个电话打进来，这个话题最终没有进行下去。

朋友问我：“为什么说着说着，突然就那么认真了？”我笑了，说道：“或许我也被风铃迷住了吧。”

到家后，我把朋友送我的风铃挂了起来。突然间，我觉得风铃真的有些悲哀，就如小北说的那样，只能随风而舞，不能自己选择舞动的角度和方向。我想，如果给风铃一点自由，它一定会很开心吧。

用音符画画

她给我讲过一件事，说有一次她和一个朋友去一个地方游玩，走着走着就迷路了，这时看到一个老人家坐在店铺前一个人下象棋。她便跑过去问路。老人家很热情，往前几个路口，再左转几个路口，说得很清楚。她俩就乐呵呵地沿着老人家提供的路线出发了，一边走还一边发朋友圈，感叹自己遇到了好心人，否则要在这个人生地不熟的地方折腾很久……但是等她俩到了老人家说的地方，一下子傻眼了，哪有自己寻找的这个建筑呀。一问路人，才知道老人家把路指反了。回去的时候，她特地留意了一下那个老人，没想到他正在热情地给两个行人指路呢。当时，她真想冲上去，对那两个行人说："你们千万不要听他的呀，我就是刚才的受害者啊！"

她说得声情并茂，让我忍俊不禁。有好几次，我在餐桌上把这个当笑话讲给朋友们听，朋友们听了都笑。在我计划写这本书的时候，就有听过这个故事的朋友问："你一定给那个问路的女生留了一席之地吧？"

这时，我才突然意识到，我竟然把她给遗漏了。

我约她见面，时间定在周末。因为不用去学校，她穿着一条破洞牛仔裤，裤腿太长，向上挽了两圈。她的头发没有扎起来，垂着，年龄显得大了好几岁。

听说我要把她写在书里，她开心地抱住了我，说："谢谢你还记得我。"

我倒有些不好意思起来。

她又给我讲了很多好玩的事情，先是在电梯里遇到一条随地拉便便的狗。她霸着电梯门，不让狗和狗主人出去，从小区环境到品质问题，生生给他们上了一节大课。最经典的一句台词是："做狗要有做狗的自觉，不要任意妄为，会给主人丢脸。"她说反正狗主人听了她的话，脸色从白变红，由红变青，就像调色板，好看得不得了。

后来，她又在电梯里碰到了一个问她要手机号码的小青年，她一本正经地扭头，对着身后虚无的空气说："亲爱的，我的手机号码是多少？我忘了。"随后，她热情地对小青年说："你号码是多少？我打给你。"小青年惊悚地看着她，慌忙按了一个楼层冲了出去。

她龇着牙笑，说："就这么大胆量，还学人家问女生要号码。"接着，她又皱着眉头问我："这样把人家小伙吓得不敢坐电梯，好不好？"

我强忍着没有笑出声来。我有些不解，明明都是家庭、学校、补习班的三点一线的生活，为什么她在电梯里就能遇到这么多有趣的事情？

她咯咯地笑道说："因为我一直保持一份闲心，可以看到别人忽视的快乐。"

她笑得很灿烂，一下子晃花了我的眼。

她让我想起一个图书馆的老馆长。老馆长曾经对我说过一句话："音符不是仅仅用来表现音乐的。如果你有自由奔放的思维，你完全可以用它来作画。"

但是，大家都习惯了一定的思维模式，不管是大人还是孩子，在为一件事情焦虑紧张的时候，所有的注意力就都放到这件事上面，没有心思再去关注生活中其他的点点滴滴了。蓝天、白云、清水，这些美好的东西也就因此被忽视了。

有的时候，多留意一下身边那些容易被忽视的小事，或许你就会发现，那些所谓的投入与认真，所谓的成功与进步，在这些小事面前

不值一提。

让灵魂自由飞翔才是最真实的快乐。

如果没有牛顿

初次见到阿狸，是在一次文艺活动上。她穿着镶嵌着金丝的大红色旗袍，端坐在椅子上，抱着二胡，拉的是周杰伦的《东风破》。

我是一个慢很多拍的人。那时，周杰伦和费玉清的《千里之外》已经红遍了大江南北，我才知道这个唱过《双节棍》的青年也可以很中国风，于是开始寻找他所有和中国风沾边的歌，最终被他的才情折服。那阵子，我电脑里播放的都是他的歌。老公开玩笑说："这么着迷，年纪这么大了还学小姑娘追星啊。"

我对这段过往记忆犹新，所以几年后，当阿狸抱着二胡拉《东风破》的时候，我恍惚记起日夜与周杰伦的歌相伴的日子，心头一下就涌出一股异常亲切的感觉，因此很卖力地为阿狸鼓掌。

阿狸以为遇到了知己，拉完曲子下了舞台就来找我。她说我的掌声给了她很大的鼓励，让她有些受宠若惊。我尴尬地坐在那里，任她揉捏着我的胳膊，终究没敢说这只是一场误会，让她不要放在心上。

那一阵子，阿狸就成了我的影子，倒不是说我去了哪里，她也跟着去哪里。而是，可能10分钟前她刚给我打了电话，而现在又突然想到了什么，接着给我打电话。

在一个刚刚进入初中的孩子面前，我委实不敢拒绝她的亲热，只要不是太忙，便和她聊几句。很多时候，我还会善解人意地说："要不你把电话挂了，我打回去?"

那时，我对阿狸的了解仅限于她写一手好字、养一手好花、弹一手好琴，各方面看起来都很优秀。后来，混得更熟些的时候，我才知道这么多的优秀之处还是没有击败她对物理的恐惧。

她抱怨，水变成冰产生的能量，和冰变成水消耗的能量，和她有什么关系呢？牛顿没事为什么坐在苹果树下呢？坐在沙发上不舒服吗？不了解光的折射和反射，她不也能享受阳光的温暖吗？……

我努力地回忆当年初学物理时的情景。但是想过来想过去，并没有任何不妥的地方，好像是很水到渠成的事情，老师讲了，自然而然就接受了。而且物理实验貌似还是有些意思的，比枯燥的背诵强多了。但是，如果拿这样的话安慰她的话，后果肯定不亚于火上浇油，我想了想，还是没这么说。

我只好一遍又一遍地重复："到了高中就好了，可以选修文科，这样就不用再整日对着物理了，你掰着手指算算，再辛苦也没有多少时日了。"

我承认这样的说法是消极的，但是对于这个时候的阿狸，我觉得消极的鼓励比积极的鼓励更为实际。可即便我这么说，阿狸还是没有放松下来。她说："就凭现在的物理成绩，我都不知道能不能顺利考上高中。"

阿狸的担忧并不是没有道理。接下来的两次物理考试，她的成绩太差，母亲因此大怒，叫停了她除拉二胡之外的所有活动。之前的小影子就这样从我的生活中慢慢淡去了。

这期间，她偷偷给我打过两次电话，一次是用爸爸的手机打的，说给她补物理的老师还没有到，她还可以偷偷舒一口气；另一次是用家里的座机打的，那时已经接近凌晨一点，她说她睡不着，觉得自己要累垮了。

我不知道如何安慰她，只说等她中考结束后，我请她吃蛋糕。我知道，步行街新开的一家甜品店相当不错。

我一直等到9月，但是她没有再出现。我憋不住，就给她的老师打了一个电话。老师说那孩子上高职了，还不断地为她叹息。

我没有像老师那样为她感到遗憾，反而觉得这样很好。

人生不是简单复制，并不一定要走与别人相同的路。适合自己的，才是正确的。与其因为不适合而给自己过多压力，还不如顺应自己的心，让自己简单轻松起来。

奶茶还在保质期

楼下水果行开业之前，我一直是市场里一对卖水果的夫妇的忠实主顾。这倒不是因为他们家的水果新鲜又便宜，纯粹是因为惰性，习惯了某个地方，就懒得更换了。

他们夫妇也是明白人，偶尔也会塞两个失去了水分的苹果给我。拿了人家的手短，也就更不敢挪地方了。要不是楼下新开了水果行，比去市场方便很多，估计我一辈子就赖在那，做他们最忠实的水果粉了。

当然这些只是引子，和这个故事没有太大的关系。这个故事的主角叫林鲤，是个初中女生，是那对卖水果的夫妇的女儿。有时生意忙的时候，她也会来水果店帮帮忙，但却很不乐意，说话声音很生硬，脸拉得很长。好在水果摊经营了十多年，培养了大批的老主顾，他们也不会因为这点小事就不再光顾。

她的妈妈受不了她这种态度，嘴上虽不说什么，背地里却不免唉声叹气。那些老主顾就安慰她，说孩子心性高，不喜欢搭手也是情有可原的，让她不要太放在心上，孩子长大些就懂事了。

我不置可否。

有一次，我过去的时候，林鲤不知为了什么事和父母闹得不愉快，气冲冲地跑了出去。因为太急，她差点撞到了我的身上。

我从货架上扯过一个袋子，并没有把这事放心上，一边挑苹果一边随口说："孩子不太高兴啊，咋啦?"哪知我的话竟惹得她妈妈呜呜地哭出声来。

我一只手拿着袋子，一只手拿着刚挑出来的苹果，傻傻地站着。好在我很快回过神来，赶紧拉过她坐在椅子上，安抚了几句。

好大一会儿，她的情绪才平复下来，抽泣声渐止。她说："这事我都不和旁人说，太丢人了。林鲤每次过来帮忙，我是得付钱的。即便这样，还常为钱的多少和我们置气。我们给她的零用钱要比其他孩子多几倍，她还是经常不够花。一开始我也会说她几句，可是她爸爸总说女儿得富养，随她高兴就好了，于是便放纵她用钱了。最近更不知道是怎么了，她常常找这样那样的借口要钱，而且数目越来越大。"我放在家里的钱，她都偷偷拿过几次。一开始，她坚决不承认。我们虽有些怀疑，但毕竟是自己的女儿，也就相信了她的话，寻思可能家里真的进小偷了，就和她爸商量一下，在家装了一个摄像头，哪知没几天就拍到她在偷着拿钱。"

她忍不住又开始抹了把眼泪。"就这样，她还是坚决不承认，我们无奈，就把监控画面回放给她看。原以为就此可以让她哑口无言，进而痛改前非，可没想到，她的火比我们还大，抱起笔记本就摔了出去，说我们不信任她，说我们把她当坏人。那之后，我们的关系就越来越疏远了。上个礼拜，她竟然带着两个社会青年问家里要钱，不给就砸桌子、摔椅子。这才几天时间，她又来要钱了，说我们的钱迟早是给她的，提早给也是皆大欢喜。我怎么就摊上这样的女儿了?"

她又开始哭得稀里哗啦。

我的脑海突然想起一句话：可怜之人必有可恨之处。只是，这个时候再追责有何意义呢?"好好和她谈一谈吧，不要指责，把你们最真切的想法告诉她。实在不行就借助外力吧，绝对不要一而再再而三地让步了，那是纵容，不是爱，会毁了这个家的。"

但是，显然她没听进我的话，而后几次，我又碰见她在哭泣，说女儿又拿着她的钱走了。

自由和责任是相辅相成的。作为家长，问题出现的时候，第一时间不是去想孩子究竟怎么了，而是得想你在教育中出了什么样的问题。父母放弃了责任，孩子又何来真正的自由？

镜子笑了

糖糖曾经开玩笑地对我说，她一天至少要照 18 次镜子。糖糖说的这个数字还是保守的，如果认真统计的话，18 估计只能算个零头了。和我坐着一起聊天的过程中，她就照过几次镜子了。

初识糖糖的时候，她还只是个高中生。她的个子不是太高，额头和脸颊上布满了青春痘，平时都用头发遮着。每一次，都要等老师反复强调刘海必须在眉毛上面、头发不要过长以免影响视线的时候，她才会勉为其难地去理发店处理一下。但头发短一厘米她就会心疼很久，因为又有几颗痘痘遮不住了。

因为痘痘的原因，糖糖不是很自信，基本不去照镜子。让她主动和别人打招呼，或是长时间和别人面对面聊天，就更难了。有人朝她望过来，她便像怕生的小鹿，头立马低下去了，能垂多低就垂多低。

那时的糖糖是极度自卑的。

那次，我去她们学校办点事，因为学校新建了几幢楼，格局变化不小，我转了一圈都没找到我要找的地方，恰巧糖糖过来，就找她问路。

糖糖垂着眉，小声快速地说完，就想闪人。我没听清，就拉着她继续问。她又是这般小声地重复了一遍。

这个时候，我就发现她的性格有问题，不是害羞、淡漠，而是极度的自卑与胆怯。

那时，我刚关注孩子成长这方面，瞬间就像挖到了一个宝藏，喜悦得不得了，也不顾她刻意拉开的距离，一心想从她那里挖出点故事出来，便缠着她带我去目的地。

之前约好一起的陆师兄停完车出现的时候，我还在对糖糖谆谆诱导：“同学，你就辛苦一下，带我去呗。”

那时我还很年轻，玩心甚重。陆师兄见我玩心大起，有些无奈，好言相劝地说：“你就别为难学生了，我和你一起去找吧。”

我不理他，继续围着糖糖打转。“麻烦同学陪我去一下，麻烦同学陪我去一下。”

糖糖最终经不起我的软磨硬泡，答应陪我去找。路上，我细心观察，在她微微抬头的时候，我就看到了她满脸的痘痘。

读书的时候，我同宿舍的一个姐妹也是这样一脸痘痘，照镜子的时候就会不由自主地用手挤压，但却越挤越多。

所以，对于痘痘，我多少还有些经验，就对她说：“千万不要挤痘痘。只要不挤，过两年它自己就好了。”

她一直把这个视为自己的伤口，被我这么粗暴地把它撕裂开来，一下子无所适从，反倒忘了疼痛，目瞪口呆地抬头看着我。

那之后，我就动员她用小发夹把垂下的头发夹起来，把额头露出来。起先她并不愿意，但受不了我一直说一直说，就试了一下，结果她的变化在同学间反应并不大。不过，毕竟夹起来清爽，她也就慢慢地保持了这个习惯。不过她的自卑感却并没有减轻。

糖糖是我作品转型的第一个对象，我自是不会放弃对她的希望。我送了她一面镜子，当然不是让她挤痘痘，而是让她练习笑容。我对她说，笑容能让一个人好运。

当年的糖糖还是很好骗的，轻易就信了我的话，果真一天到晚地对着镜子练习笑容。练得多了，她就想找人试验一番，就开始对着别人笑了。

这样持续过了几年，到了大学毕业的时候，她不需要对着镜子，也能很自然地笑靥如花了。

现在我和她也常有联系，偶尔也会聊些过去的事，但都能以旁观者的心态看待了。

很多情绪在自我暗示下会逐渐强化，快乐是，忧伤是，自信是，自卑也是。大部分人，总会有各种不如意，纠结在小事中走不出来的人有很多。这个时候不妨给自己一面镜子，多看看自己，多对自己笑笑。万事看淡一些，心境自然就不一样了。

胖女孩也有春天

我认识她之前，她有一段时间很自闭。

后来说起这段往事的时候，她并没有太多的情绪波动。她说人自闭不自闭只是一个心结，打开了就好了。

关于这段往事，我曾有耳闻。那是在单位的一次聚餐上，新来的一个小姑娘一直陪大家说话，并不动筷，说是胖了几斤，正在减肥中。这时一个平时言语不多的同事，突然叹了一口气，接着说起一件事。他说他朋友的女儿很贪吃，自小就比较胖，十四五岁，正值爱美的年龄，就整日想着如何减肥。广告中的减肥产品不知道买了多少，她吃后却收效甚微，而后就开始节食。怕父母发现，她在餐桌上依旧暴食暴饮，然后趁父母不注意再催吐。最后，她因为低血糖倒在客厅，险些送了性命。从医院回来后，她就不想去学校，也不太爱说话了。父母没办法，只好给她办了休学。

我见她已是两年后了。她还是胖乎乎的样子，不是一般的胖，因为脂肪堆积，身体赘肉横生，眼睛已经眯成了一条线。

她之前因为减肥节食而进医院的事，我也不敢提及，怕徒增伤感。她倒没有回避，只是淡淡地告诉我，她后来看过三毛的书，其中有一篇讲三毛因为考试不好，被老师在脸上画圈，又罚她沿着操场跑圈。几乎所有的人都认为那是三毛自闭的起因。其实不是的。一个人如果对自己某一方面的不满意达到一定程度的时候，强烈的自卑袭来，就会自我封闭了。就和自然界中动物诈死一样，纯粹是一种本能的自我保护。三毛不满意自己的学习成绩，她则不满意自己的外形。人吧，都有自己不满意的地方，只是多一点或是少一些而已。

休学的那一年时间，她看了很多的书，说知识积累也成，说补充能量也对，说苦行修炼也可……涅槃重生之后，她的心理有了巨大的变化。

“人何必一定要盯着自己的短处看呢？多看看自己的长处不行吗？”她对着我笑，“虽然我是一个胖子，但是我有很好的文笔和画画的天赋，不是吗？”

那时，她的一套漫画作品已经被某杂志连载，虽谈不上大红大紫，却也拥有了一群粉丝，他们喜欢称呼她为胖子姐姐。他们会说胖子姐姐你是最美的，你是最棒的！

她笑着说：“如果把自己的心封闭在冬季，那么你只能生活在冬季。如果你把自己的心敞开来，让它积极地沐浴阳光，那么你就会发现，春天真实并不遥远。”她的目光熠熠生辉，充满希望。

我开始着手写这本书的时候，她给我打过一个电话。她说她现在参加了一个徒步旅游组织，倒不是为了减肥，而是为身体的健康着想。她说很可能下次我见到她的时候她就没有这么胖了。电话中，旁边有人打岔，说：“她是怕被你写成大胖子，打电话给你看能不能写成小胖子。”她哈哈大笑，笑得很大声。

一个人快乐了，胖瘦又有多大的关系呢？我想在她的世界里，对于她以何种姿态存在已经不太重要了，只要是健康的、快乐的、积极的就好。

那之后，我也见过几个微胖的女生，她们几乎都对“胖”这个字很敏感，衣服一定要选黑的，裤子一定要选黑的，就连背包也不敢选亮色的。我给她们讲她的故事，并不是鼓励她们继续胖下去，而是希望她们懂得扬长避短，不要过度关注自己的体态，要让自己度过一个有声有色的学生时代。

自由其实被很多的条件束缚着，像三毛的成绩、她的肥胖，还有诸多的外因与内因。这些已经存在的东西是我们不能轻易逃避的，我们要做的是重新设定一个方向，然后努力激活我们自由奔放的心灵。

尘埃也可以很快乐

这个故事是安璉告诉我的。

安璉是老师推荐给我的。老师对她评价颇高，说她很懂事，不浮躁，有超乎年龄的智慧。

老师这么说是有一定依据的。

有一次，学校要排演一个大型的话剧，原本安璉在剧中有个比较重要的角色。但这角色被某个领导的大千金给盯上了，而后耍小性子，和父亲吵闹，一定要获得这个角色。排剧的老师很尴尬，不知道怎么向安璉开口。没想到，她不知从什么地方听到了这事，主动向老师打申请，说这个角色台词太多，而她最近事情比较多，怕是不能记住这么多台词。

有了这个台阶，排剧的老师也就顺水推舟地成全了领导的千金，而后，临时决定在剧中给安璉添加了一个小角色。这个角色只要出场三十秒，就一句台词：糖葫芦，糖葫芦，好吃的糖葫芦。

作为校方，自然是很希望这次话剧能够获奖，所以留出很多课余时间编排话剧。同学们在场上忙着对台词的时候，安璞无所事事，抱着一本英语书坐在下面读故事。轮到她上场的时候，就举个插满假糖葫芦的靶子绕场一圈，口里喊着："糖葫芦，糖葫芦，好吃的糖葫芦。"完后再到台下，继续读她的故事。

也该她运气好，等到话剧排得差不多的时候，英语故事演讲大赛又开始了，这名额当仁不让地被她占了。

话剧集体一等奖的荣誉下来后没几天，她的英语故事演讲个人一等奖的荣誉也下来了。排剧老师觉得亏欠了她，再次文艺汇演的时候，直接给了她一个名额，让她表演单口相声，从此她声名鹊起。

当我转述老师对她的评价时，她有些不好意思地笑了笑，说："老师喜欢我才把我说得这么好的，其实我就是一个很普通的女生罢了，只是运气比较好。"

然后，她给我讲了一个故事。

她说她妈妈年轻的时候很要强，班上有个和她不相上下的女生，妈妈一心想要胜过她。事实上，每次考试妈妈都超过了那名女生。然而，每次竞选班长的时候，那女生的选票总会超过妈妈很多。妈妈心里很不平，以为那名女生有什么不可告人的内幕，因此嫉恨了很长一段时间。后来，有一个交好的女生，对妈妈说了一席话。她说："你看看你一心只读圣贤书的时候，她都在忙什么。"

妈妈真的观察了两天，这才发现那名女生压根没有把妈妈当竞争对手，她该玩的时候玩，该和同学打趣就打趣，丝毫没有因为学习而打乱自己原有的节奏。那时妈妈才顿悟，难怪她的选票会这么高，原来她一直和同学打成一片。

安璞说，上初中后，妈妈就很郑重地给她讲述了这个故事，希望她不要重蹈自己的覆辙。攀比和比较都是影响自己情绪的魔障，做轻松简单的自己就好。她也听从妈妈的话，不争名利，只做最简单的自己。

我不知道她的妈妈出于什么目的给她讲这个故事，或许真的如她所说的那样，妈妈不想让不必要的竞争加大女儿的压力；也或许是她悟出了自由轻松的可贵。但是显而易见，妈妈对她的教育是成功的。

每个人都是从青春年少走过来的，身在其中的时候，可能还不能悟出很多人生哲理。但是经过了、懂得了，有些执念也就如一季黄花悄悄凋零了。

能做金字塔尖上的人固然很好，但不能登上金字塔尖的人也未尝就是一种失败。做好自己，就是最成功的人生。

❊ 责任，给你一个转换角度看问题的机会

流连夏天

丁晓晓喜欢夏天。

和她的几次闲聊中，她多次谈到了她漂亮的连衣裙。“白底粉色蕾丝，裙摆很大，旋转的时候像盛开的花，很美。”她每次说这句话的时候，我总能从她的眼睛里看到一丝不一样的光彩。

女生终究是爱美的，这是我从她身上读到的真理。

“我也不知道当时究竟是怎么回事，经过十字路口的时候，一辆车发疯一样地向我冲了过来，醒来的时候，我已经躺在了病床上，听到的第一个消息就是想保命就要截肢。那年我初二。”她低下头，手不断揉捏着自己的裙子。我看不清她此时的表情，但完全可以想象仅念初二的丁晓晓听到这个消息时惊惶的样子。

“医院的旁边有所学校，每天我躺在病床上的时候，都能听到学校里传来的出操声。以前让自己深恶痛绝的声音，突然变得让人非常向往。我哭，我拔针头，我绝食……我以我的方式试图放弃我的生命。”她的背紧紧地贴在轮椅的靠背上，“他们藏起了所有尖锐的东

西，给我讲张海迪的故事，给我读《假如给我三天光明》。他们不知道这种身残志坚的故事只是用来给健全人寻找自信的，在我的世界里，只有无尽的黑暗。”

她把目光转向窗外。“爸爸妈妈跟着我痛苦了很长一段时间，他们痛我所痛，又被我折磨得痛上加痛。他们两个人体重急剧下降，我却从最初的绝食中走了出来，开始暴食暴饮。那时，我的故事在朋友圈里流传，几乎每天都有认识或不认识的人打电话问候，也有人带着礼物和红包来看我。我知道他们出于善意，但是当时我还不能从心底接受这样的善举，甚至觉得是各取所需的一种交易，我需要经济资助，他们需要所谓的名誉。直到有一天，一个女摄影师的到访，才改变了我的看法。”

她喝了口水，接着说道：“她是某慈善机构请来的摄影师，来给我们拍照片，说是要做一次宣传。那时爸爸妈妈开始消瘦，我却已经发胖。当我爸妈站在我的轮椅后，配合她的镜头，准备一起合影的时候，她突然放下相机，跑过来攥住我的手。她说怎么可以这样，女孩子都应该漂漂亮亮的，怎么可以任由自己把自己糟蹋了呢？接着，她给我梳了头，洗了脸，擦了粉，化了一个淡淡的妆容。这是我第一次化妆。我照了照镜子，原来化妆后的自己是这个模样，原来我胖了这么多。她给我灌输了一种新的理念：任何时候，女孩子都应该是美丽的，美丽是责无旁贷的。”

她的眼神再次涌现出蓬勃的生机。“那是我听过的最励志的话。我不是为了活着而活着，我要活着，而且还要活得美丽。”

她终于从颓废中走了出来，每日按时就餐，合理饮食，不能运动，就强迫自己把背挺直；缺了一截腿，还要努力微笑。她坚信，漂亮只有自己给自己。

我见她的时候，她已是一名高二的学生了，优雅的坐姿，均匀的体态，写一手好字，弹一手好吉他。忽略轮椅，她和其他的女生没有任何不同。

“我觉得我现在挺好的。”离开的时候，她对我说。

我看着她缓慢地调转轮椅，没有伸手帮忙。她的动作并没有因为我的注视而有一点点细微的改变。

她的自信不是伪装出来的。我站在原地，看着她的背影，突然为她能遇到那个女摄影师而感到庆幸。

我们每个人都无法预知明天会发生什么，一个普通的十字路口可能就会改变我们的人生轨迹。但是无论如何改变，最重要的是看到自己的使命、自己的责任。

让自己美丽，也是永恒的责任！

走一半又停住

选择放弃，需要足够的勇气和爱。

一个人去电影院看电影的时候，我遇到了小于。她坐在我的身边，看的明明是场笑料不断的电影，她却泪水不断。我没给她递纸巾，而是把爆米花递了过去。

电影结束，灯光打亮的时候，她拉住了我的胳膊。

她是一名十六七岁的女生，露耳短发，大大的单眼皮，因为刚哭过，有些红肿。

“姐姐，你不认识我了吗?”她咬着下嘴唇，一副楚楚可怜的模样。

我认真地想，模模糊糊有些印象。

“我是小于，三年前我找过您，您还帮我写了一份寻亲启示呢。”她小声提示。

我突然想起来了。因为身后的人在催促，我便赶紧拉着她一起走了出去。

三年前，小于来找我的时候，也像今天这样红着眼，一副世界末日来临的模样。那次我安抚了好久，她才说，她刚刚才知道她是父母收养的弃婴。她一定要找到她的亲生父母，要责问他们，为什么不愿意要她，还要生下她。

她说得义正词严、声泪俱下，但是我还是从她不断躲闪的眼神中，看到了她对亲情的渴盼。

她要找的不是答案，而是她的根。

我为她的事情忙活了很长一段时间，但收效甚微，而后就放弃了，我们也渐渐断了联系，没想到隔这么久我们又遇上了。

和她在电影院隔壁的茶吧坐下后，我便询问这事后来怎么样了。

她咧了咧嘴，说："上个礼拜，有人给我提供了很详细的线索。按他说的，我的亲生父母也是本地人，距离我们这有百十公里。好像是年轻时犯下的错事，不能承担后果，我刚出生就被姥姥送过来了。不过这些都不重要了，我不准备去见妈妈了，我把写有地址的纸条扔了。"

我有些意外地看着她，问："那不是你努力了很久一直在寻找的真相吗？"

"真相真的有这么重要吗？只是我那时年轻不懂事罢了。知道我在寻找亲生父母后，我养母心情就一直很不好。从不喝酒的她，一次把自己灌得酩酊大醉，借着酒意她问我：'我们对你不够好吗？为什么还要在意那怀胎十月？'他们对我真的很好，但是这和我寻亲没有关系，我只想知道生我的是谁，只想知道他们为什么不要我。养母说知道了真相又如何。"她垂下眉，"我当然不会被她的一句话说服，我坚持寻找着。我和他们的隔阂越来越严重，怕他们反对，我便偷偷地寻找。直到两个礼拜前，我才知道，看到我那么执着之后，他们也一直在为我打听这件事，虽然养母对我有所抱怨，但是她还是无私地对我好。其实，这个地址就是我养母打听出来的。”

她的眼泪又掉了下来。“养母在替我做这件事的时候，心一定像被针扎般疼痛吧。整个过程中，我只考虑了我自己的感受，却忽略了家人的感受。和最初的真相比起来，还有什么比现在的幸福更重要呢？因此我奖励自己一场电影，决定走出电影院后就把这段过往忘记。”

“这样放弃有遗憾吗？”我轻声问。

“我有我的责任，怎么可以为了一己私欲，伤透养父母的心？至于遗憾，肯定会有，但是谁的人生会没有遗憾呢？”

离开之后，我一直在想小于的故事，有颇多感触。

人这一辈子都是和责任紧密联系在一起的。出生后，被有责任的父母抚养长大；上学了，希望遇到有责任心的老师；找对象了，希望找个有责任感的爱人……每个人的心里都有一把秤，但是秤的一头是偏向自己的，都想着别人对自己应该如何，却不去想自己应该如何对待别人。

如果能首先想到自己对别人的责任，那么是不是就不会有那么多的不甘和不满了呢？那样即使留有遗憾，也会自信勇敢地前行。

等待造句的灵感

阿乐给我留言，说她在风起中文网准备连载写点东西的时候，我吓了一跳。

“你不是初一的学生吗？”

“是啊，谁规定初一的学生不能写书呀！”她兴奋地说，“姐姐，你啥时候有时间帮我看看，提点意见和建议嘛！”

还真没有谁规定初一的学生不能写书！我尴尬地笑。

阿乐成为我新浪微博粉丝的时候，还是一名小学六年级的学生。平时，她去了什么地方，吃了什么好吃的，都会艾特我一下，说：“姐姐，你羡慕我不？”

我实在不敢随意践踏一个小学生的信任，便很认真地看她发的图片，然后回复：“喜欢，喜欢。”

再混得熟一点的时候，她偷偷和我分享她的秘密，说隔壁班的某个男生侧脸真好看，像霍建华。隔了几天，她又告诉我，他们在操场遇到的时候，他对她说了一句话。她兴奋得不得了，一连重复了几遍。从那时开始，她就有了一个远大的理想——要以那个男生为原型写一本小说，书中的主人公既俊朗又坚毅，有山一样的胸怀和海一样的视野。

当初因为“山一样的胸怀，海一样的视野”，我还质疑了一下，我说为什么不是“海一样的胸怀，山一样的视野？不是说站得高看得远吗？”阿乐哈哈大笑，说：“看得再远，还不是倒影在海水里吗？”

这个问题没有深究下去。不过，我对于她写小说的想法一直抱着观望态度，以为她是戏言，没想到这么快就实施了。

因为在外面用餐，所以我没有和她多聊什么。到家的时候，打开微博，我看到她给我留了很多信息：有没有看她写的小说？有没有什么想法？需要改进些什么？诸多此类的问题。

我进入网站，看了看她文章的内容简介，就一句话：西方的吸血鬼遇到上古的神兽后发生的啼笑皆非的故事。我觉得“啼笑皆非”这个词用得真好，不用看小说的内容，就已经有感觉了。

我问她：“那个隔壁班的男生附身在吸血鬼身上了，还是神兽身上了？”

她扑哧笑了，说：“那是很久以前的想法了，好不好？现在啊，我只想认真地写一本玄幻小说。”我正疑惑她怎么突然改变的时候，她兴致勃勃地告诉我，她最近结识了一个写玄幻小说的大神，瞬间觉得玄幻才是人世间最完美的文学。

她说了一大通，我只是听，没有打断他，最后说了几句鼓励的话，因为我真不知道她能坚持写多久。那之后，她开始了她的玄幻小说写作之路。三个礼拜后，她又成了后宫文的粉丝，开始设计后宫小说的写作。但点击率实在有限，后来又不知听谁说种田文有卖点，又开贴准备写种田文……我写这本书的时候，她又在为总裁文焦头烂额。其中一部分原因是因为小说中都是成人世界的事，离她的生活太遥远，还有一部分原因是家长的反对。她向我抱怨：“家长为什么就不能理解孩子呢?”

我问她：“那孩子理解家长吗?”

她没有回答，之后便取消了对我的关注。

原本，我想把这个故事归到爱好篇里去的，因为阿乐愿意花这么多的时间在文字上，她对文字的喜欢是不能否认的。但是，我觉得与爱好比较起来，她在责任与习惯方面的问题更值得深思。我没有任何批判阿乐的意思。在和孩子接触的过程中，我遇到过很多这样的孩子，他们虽有自己的喜好，却不能持之以恒，他们要求父母的理解，却不曾试着去理解父母。

这是一种现象，值得引起深思。作为家长，在孩子成长的过程中，有没有尽到自己的责任培养孩子持之以恒的习惯和换位思考的方式?孩子的习惯、孩子的性格、孩子的思维要比那些表面的成绩和才艺重要得多。那才是决定孩子未来成败的重要因素。作为孩子，应该学会规划自己的人生，应该懂得没有谁可以替你设计人生，应该明白没有谁可以取代你的成长，你不会永远是孩子，你有你的责任。今天你不屑的、舍弃的、反感的，很可能就是明天你追逐的、难舍的、珍视的。

所以，任何阶段都要努力做最好的自己。

偷一抹阳光

对自家孩子，几乎所有的家长都有相同的认知：我家孩子很聪明；我家孩子之所以学习不好，是因为心思没放在学习上，他实际上很聪明；老师也说孩子很聪明，就是太调皮……

这样的认知客观地讲无可厚非，如果父母都不能认同孩子，那么谁去认同孩子？认知本身是积极的，但是这种积极应体现在激励孩子，给孩子信心上，而不是夜郎自大，真的把自己的孩子当成旷世奇才，然后要求孩子一定要取得这样那样的成绩。

开设家长热线的时候，我就接到过一个家长的电话。电话中，他絮絮叨叨地说，上幼儿园之前，女儿就能背出近百首唐诗，认识一百多个汉字，是他们整幢楼公认的小才女。天资放在这里，怎么会不是读书的料呢？又没要求她考第一，只要求考前三，这样的要求过分吗？

我无法回答这个父亲的问题，只能强调成绩的好差和天资有一定的关系，但天资并不起决定作用。

他似乎对我的回答很不满意，此后又接二连三地打电话，反复向我求证一件事：他的女儿算不算聪明的孩子？

家长做到这个份上，着实让人辛酸。于是，我答应见见他的女儿。

听到我的承诺，他欢呼雀跃，不住地说：“你能证明我女儿很聪明的对不对？你能让她爱上学习的是不是？”我毫不客气地给他泼了一盆冷水，我说我没有超能力，我只是一个凡人。

估计他被我生冷的语气吓着了，一下子沉默不语，好半天才小心翼翼地说：“你会规劝一下的，对不对？”

真是难缠的一个家长。我哭笑不得，我承认我败给了他。

和孩子见面的事安排得很顺利。孩子很安静，一直低着头，额头被刘海遮住，从我的角度望过去，只能看到大黑框眼镜。

直到她的爸爸离开，她的头才稍稍抬起一些。漂亮的脸蛋上，一双大眼睛狡黠地弯成了一道大月牙。

“爸爸一直说我很聪明，自小就是个小天才，所以考试一定要考前三名。总听这些，我都烦了。所以，我就极力否认他的天才说，在他面前我一直低眉顺眼、呆头呆脑的。装得都那么像傻瓜了，他还不改初衷，认着这个死理，哎。”

这完全出乎我的意料。我正疑惑着，她兴奋地从随身的小包包里摸出一本书说：“不过，没想到这次他却那么能耐，能找到你，我太兴奋了。你的这本书我买过一本了，被同学借去了，又特意买了一本，给我签个名好不好？”

我无语。拿笔签名的时候，我才半真半假地开玩笑：“你这样的行为算不算欺骗大人？”

她急忙否认说：“没那么严重。我还是很乖的，只是对老爸制定的一系列目标有些无语。小屁孩的时候我不懂，才屁颠屁颠地跟着他们背唐诗、学汉字。其实那有什么用啊，还不是填鸭式教学啊。只要父母有时间，就不停地填呀填呀，就是智商再低的孩子也能背出一大堆。我只是运气比较好，遇到了有时间又有耐心的父母。我爸爸呢，一定要把我归为天才。小学的时候，学科少，在他的期望和施压下，勉为其难地还能考个前三名。进入初中后，明显感到学习的节奏不一样了，我也很努力，但没一次能进入前三。我爸爸就不舒坦了，认为我怠慢了学业，一心想挖出我学习退步的缘由。可是，哪有那么多缘由啊！可是他就是不信。”

“你爸爸对你的期待很高。”我说。同时，我把签好名的书递给她。

“谢谢！你不知道，他说督促我走好人生路，是他毕生的责任。如果我的人生失败了，他会觉得难辞其咎。所以，他说他要想尽办法让我成功。”

“那你的想法呢？打算一直这么装傻充愣吗？”我问。

“我只是做给他看的，让爸爸有一点思想准备，我只是资质一般的人，如果不能成功也没啥失意的。”她很认真地望向我，“但我还是会加紧学习，能成功固然最好。不过，我不会把自己逼成只会读书的小书呆子，我不喜欢太枯燥的生活，会努力偷一抹阳光，让自己的生活多一些色彩。这个就是阳光中的一部分，那会让我变得自信。”边说她边扬了扬手中的书。

我不能确定这个女孩是不是天才，但她日后肯定是个人才。

我把我的结论讲给她的爸爸听，他很高兴。我问他：“家长的确有督促孩子走好人生路的责任，但是这就一定要求孩子在成长的每个阶段都步步领先吗？”

他久久没有回答。

坚守信仰

我第一次见他，是三年前在学校的家长会上。他个子不高，戴着草帽，衬衣大了很多，塞在裤腰里，看起来有些滑稽。

老师偷偷对我说，这就是赵一莓的父亲，是个农民。

对于赵一莓的事迹我还是知道一些的，全省个人演讲赛获奖，市三好学生，助人为乐先进个人，学校的优秀班长，考试成绩永远年级第一。

见到赵一莓的父亲时，我有一些震撼。我不是一个以貌取人的人，但是我知道，一个农民家庭要培养好一个孩子，有多困难。

轮到他发言的时候，他畏畏缩缩地站起来，想大气地笑，表情却很僵。“我是赵一莓的父亲。”他的声音有些颤抖，说完便鞠躬坐下。

短暂的沉寂后，掌声响起。

我知道，掌声中的很大一部分，是冲着这句话中的“赵一莓”的。

而后又有几个家长发言。穿着上，不是名媛小礼服，就是衬衫领带西装的标配，瞬间把他的草帽大衬衣淹没了。他倒也没失落，安静地坐在台下，除了发言那段时间，他粗糙黝黑的脸上始终挂着微笑。

家长会结束后，我找到他亮明我的身份，表示想和他谈谈的时候，他愕然地看着我，发言时的拘谨又一次浮现在他的脸上。“我不会说话，也不晓得要说什么。”

“那您听我说好了。”我笑着说。

他憨憨地笑了。坐下后，他果真一语不发，一副倾听的模样。

“您的女儿很优秀。”我真心诚意地说。

他奋力摆手，急切地说：“您别那么说。我是粗人，说不来什么场面话，但是我知道这个时候应承了就是不谦虚。但如果谦虚了，又好像对不起我女儿的努力。所以，还是不要扯这个话题比较好。”

那次谈话，具体的内容我忘记了，因为是临时交流，事先并没有准备记录。不过他的淳朴和实在给我留下了极深的印象。

所以，再遇到他的时候，我一下就认出了他是赵一莓的父亲。

因为季节不一样，所以他的穿着和上次见到的时候有些不同，草帽摘了，露出了花白的头发，灰色的夹克做工有些粗糙，肩膀处有几根突出的线头。

“我记得你。”他憨憨地笑，“我们一莓也记得你，她很喜欢你。”

我笑了。此时赵一莓已是高三的学生，刚获得了一个什么奖，已被一所名牌大学提前录取。

因为有过接触，我已经知道什么话题可以交流了。果然，当我把话题引向她女儿的优秀表现时，他的嘴巴再也合不上了。

“我和她妈妈都是农民，认识的字没几个，田地里的辛苦深有体会。农忙的时候，腰酸背痛地躺到床上，就想着孩子再也不能重复我们的老路，以后过和我们一样的生活。不怕你笑话，我们不懂报效祖国这类大话，我只知道孩子离开农村，不用对着黄土地讨生活就好。这样的话我们对娃说了一遍又一遍。那时，她还在读小学吧，不懂我们说的意思。我们也解释不来，只好把她带到地里。夏天大中午的我们在农田里干活，就让她站在旁边看着。只是看，就把她热出了一身痱子。晚上睡觉的时候，她浑身刺痛痒痒，她妈妈一边给她抹痱子粉，一边心疼地掉泪。这样经历两次，她就懂得农民的艰辛了。”

他突然沉默了，过了好一会才继续说：“她写过一篇作文，关于理想的。她说爸妈的理想是让她脱离黄土地，她的理想是完成爸妈的理想。老师在家长会上读了这篇作文，很多家长都哭了。这么多年，她一直保持着积极的学习状态，和她所说的理想有不可分割的关系。我知道她一直没有忘记这篇作文。”

我告诉他，在见他之前，我其实已经和他女儿见了一面。她说坚守信仰的最大一个原因是因为父母的爱。

我看到这个壮汉的眼角闪过一点光亮，但第一时间被他偷偷抹去了。

责任和信仰最大的区别是，一个是被动地积极，一个是主动地积极。被动到主动的距离就是爱，爱到极致就是信仰。但如果操作不好，爱就是负担。所以，任何时候，我们都不能把爱看作条件，因为那不是爱，那是以爱为名的暴力。

主宰明天

获知她的英文名是 Arnee 的时候，我吓了一跳。

“为什么是 Arnee?”我问。

她欲盖弥彰地抽出纸巾在额头擦拭了几下，边擦边说：“今天挺热。”见我一本正经地看着她，并没放弃这个问题的意思，她才无可奈何地把纸巾放下，说：“我能说这只是一个误会吗?”

初一第一节英语课上，外教为了更好地和同学互动，便建议大家都给自己取一个英文名。点到她的时候，她也不知道哪根神经犯抽了，脱口而出就是 Arnee。在同学们的哄笑中，外教一脸惊愕地看着她。下课后一查，她才知道 arnee 的中文意思是雌山羊。

她无辜地望向我，说：“这个真的只是意外。再怎么勇敢，我也只是个娇小的女生，不敢标新立异到这个地步的。真没想到，阴差阳错的一个小失误让我走红校园……百分之九十以上的同学都认识我这个叫 Arnee 的傻妞。”

不过，借这么一个乌龙事件走红，终归不是什么光彩万分的事情，她一度不敢轻易走出教室。被一群认识或不认识的人跟在身后喊“Arnee”，这可不是一般人能轻易接受的。

“所以啊，我整天躲在教室里，不到万不得已，坚决不出去。时间倒是省出了一部分，又不想一心扑在学习上，便偷偷看了不少课外书。我被美妙的文字吸引，觉得文字是好东西，开始一心想成为作家。”

我笑了起来，说：“我还以为你会疯狂学习英语，发誓以后不再出现这样的小失误。”

“那是英雄的做法，从哪儿跌倒就从哪儿爬起来。”她笑着说，“我是小女子，哪有这勇气啊，还是离丢脸的事越远越安全。”

“但是我听说你的英语很好。”我有些困惑，“是误传吗?”

“不是，后来我放弃了作家梦，重新努力学英语。”她眯起眼，表情里有我看不懂的落寞，“我很小的时候，爸爸妈妈就替我规划，让我高中毕业后去美国留学，镀一层金再回来。那时，我并没有把这当一回事，但越逼近高三，我就越明白我避不开这个父母已经规划许久的人生路线了。父母并不是很关心我的考试成绩，那个时候我就知道我这辈子是无缘高考了。”

Arnee的爸爸是个很有生意头脑的人，他料想随着人们生活水平的改善，糖尿病人专属食品肯定会热卖，于是就加盟了一个无糖食品行。几年奋斗下来，他成了省代理商，腰包也鼓了起来。日子好过了，他就开始规划孩子的人生了，想让孩子以后过好一点。

“我总不能一直在父母的庇护下成长，我的人生还得靠我自己走。既然决定出国了，英语就是第一步，我总不能因为惧怕英语而辜负父母的安排。这应该也是为人子女的责任吧。文学可以等，英语不能等。为了自己，也为了父母，我就义无反顾地拼了。没想到，哈，当年的英语痴竟然成了英语达人了。”她压低声把头努力往我这靠了靠，“我偷偷溜进酒吧玩过，和酒吧里的老外交流，偶尔有听不懂的我就追问到底，还很有效果。不过，那地方真的不太适合学生，所以，尽量少去。”

半年后，Arnee顺利地通过托福考试，出国学习。

我有些期待见到她回来时的模样。

每个人将来要走的路是不一样的，父母的规划只是大方向，很多细小的地方要靠自己去把握。就像驾驶飞机飞行一样，父母不可能跟随我们一起翱翔蓝天，他们只能驻守在地面，通过卫星给你一些大方向上的帮助，像航道啊、气象啊这些信息。航行中的细节，只能靠自己去摸索完成。

正视自己的使命，才能活出精彩的人生。

又一季花开

她对牡丹的钟情源于妈妈。

妈妈是中文系毕业的文艺女青年，对琴棋书画和花花草草很感兴趣。在她很小的时候，妈妈就常在她耳边念叨："庭前芍药妖无格，池上芙蕖净少情。唯有牡丹真国色，花开时节动京城。"她不明白是什么意思，长大才知道这是唐代刘禹锡的诗，是通过写芍药的妖无格、荷花的净少情，和牡丹进行对比，以烘托牡丹之美。

妈妈钟爱牡丹，每年的四五月都会带她去洛阳看牡丹。所以，从小她就能叫出很多牡丹品种的名字，那一直是她很得意的地方。

一开始她也不懂妈妈为什么钟爱牡丹，她们年年都看牡丹，看来看去一直都是那些品种，美是美，却太没新意了吧？

她问过妈妈，妈妈笑而不语。

后来，爸爸和妈妈吵架，她才断断续续地知道一些缘由。原来，妈妈大学时的初恋就是洛阳人，带她去洛阳看过牡丹花，但恋爱遭到双方父母的反对，最终没能在一起。

如果是别人的故事，她或许会笑着说，多老土的情节啊。但因为是自己的妈妈，就不敢造次了。只是，她心中总有不甘，毕竟这个老土故事的男主角竟然不是自己的老爸。

因为有了自己的想法，此后几年，她拒绝和妈妈一起去洛阳看牡丹。在丈夫和女儿施加的双重压力下，妈妈最终放弃了她的洛阳之行。妈妈还和平时一样，上班下班，操持家务，但是，她发现妈妈不再念

关于牡丹的诗句了。

明明这是她和爸爸渴盼的结局，可是当这真到来的时候，她却有些不适应，她觉得这样的妈妈终究缺少了一些什么。

那年春天，妈妈的几个同学来上海玩，离开的时候来家中做客。

因为心中还装着妈妈那段爱情故事，她便死皮赖脸地坐在妈妈身边，抱着一本书，装成看书的样子，实则倾听她们同学间的谈话。

同学们在一起感慨岁月蹉跎，缅怀青春年华。

原来，妈妈当年又漂亮又有才，喜欢她的男生很多，但没有谁知道她喜欢牡丹，只有一个傻小子蒙对了，两人谈起恋爱，但终因家庭原因，而被迫分手。她们好奇地问："你最后怎么决定嫁给现在的老公的？"

妈妈笑着说："也许是缘分吧。和他见面的时候，一个小女孩在背刘禹锡的那首《赏牡丹》，背了两句，忘了后面的了。他随口就接了'唯有牡丹真国色，花开时节动京城'，我一下子就喜欢上他了。"

她猛地一怔，有一瞬间的恍惚。等不到爸爸出差回来，在电话里，她就忍不住询问这事。爸爸想了很久，说有些模糊了，不过好像真有那么一段故事。他支支吾吾地说："这么说来，我这么多年的醋白吃了？"

那次出差，爸爸出乎意料地提早回来了，给妈妈买了一个有手绘牡丹的手包，把妈妈感动得不得了。

"那年之后，我就又陪她一起去洛阳看牡丹了。每次都是我提出来的，爸爸有时间也会陪着一起去。"她笑得很开心，"我很喜欢现在的这种家庭氛围，觉得爸爸妈妈的感情更近一步了。"

在我有限的统计中，我发现很多夫妻之间有矛盾，他们尽量避开孩子吵架，却不知道冷着脸相处并不比吵架对孩子的伤害小。

一个家庭的氛围决定着孩子的性格，想让孩子乐观、开朗、自信，靠表面的和睦是做不到的。我们要做的不是表面上美好，而是真心地融入。当然，家庭的氛围并不只是靠父母去营造，孩子也是家庭的一员，也有责任为家庭和睦出一份力。孩子要做的，一方面是做好自己，另一方面是试着理解大人，用自己的理性解开家庭矛盾的千千结。

再见，长安

每个少女都有一个明星梦，尤其是那些自认有几分姿色的女孩。

我亲戚家有一个孩子，长得也谈不上很漂亮，不过肤色很白，头发很黑，加上大人们也喜欢用漂亮去表扬孩子，所以自小到大，她听多了“这孩子真漂亮”之类的话，听得多了，就对自己的美越来越有信心了。

适逢中考，她的学习成绩有所下降，就觉得自己不是读书的料，和父母吵着闹着要学音乐。

父母不解，她却理直气壮地说，学音乐能加分。父母听了也很高兴，心想这也不失为一条捷径。就这样，她美滋滋地报了声乐班，没几天又开始折腾形体班，再接下去是舞蹈班……

父母开始觉得有些不对了，便打电话给老师。老师说，如果学生在音乐方面有天赋，老师肯定是会和家长沟通的。老师这活的潜台词就是：你家孩子不是学音乐的料。

父母怕打击孩子，并没有把老师的话原封不动地转达给她，只避重就轻地说打电话给老师了，老师不建议她学音乐云云。

孩子匪夷所思地看着父母，说：“你们去问老师干什么啊？我说能加分，说的又不是考试加分，说的是形象上加分。”

她热情不减，絮絮叨叨地说了一大通，意思是，现在电视上选秀的节目那么多，有了一定的音乐基础，她就能去报名。她也知道自己想在音乐上有突破是很困难的事情，所以只是借选秀露个脸。她颇为自信地说："我长得还算漂亮，只要多露脸，就有可能被经纪公司、影视公司发现，那样离明星就是一步之遥了。"

那是他们家矛盾最多的一年。先是两口子对孩子好言相劝，慢慢演变到拳脚相加，妈妈夹在父女之间左右为难，气得住进了医院。再后来，父母又不停地给各路亲朋好友打电话，让她们来调解规劝。

我过去的时候，女孩红肿着眼，全然失去了之前的快乐和可爱。她蜷缩在沙发上，问我："有个明星梦就罪不可赦吗？为什么爸爸就不能理解我的梦想呢？一个人有自己的专长，发挥一下有什么不对？"

我问她："明星的专长是什么？你的专长又是什么？"她支支吾吾说不出来。我接着开导她："明星需要的不是漂亮，而是有自己的风格，有出色的演技。一个人想在一条路上长久地走下去，需要的是学习和生活上的积累，而不是靠一时运气。如果当真很喜欢这个职业，可以一步步来，先考个影视学院，接受专业的辅导训练，这样比只参加选秀节目靠谱得多。"

我不知道，我的话是不是起到了一些作用，几天之后，亲戚给我打电话，说她去影楼拍了一套古装的写真集，来纪念这段青春时光。

我很欣喜。

在长大的过程中，我们总会羡慕别人的成功，以为成功是异常简单的事情，然后无限放大自己的长处，觉得自己是前无古人、后无来者的千年奇才。但是这个世界又有多少奇才呢？再说，奇才也不是想象出来的，而是靠努力换来的。

我想起一个段子：16 岁的时候梦想拥有劳斯莱斯，20 岁的时候梦想拥有奥迪，现在的梦想是能挤上公交车，要是再有个座位就更好了。最初看到的这句话时候，我忍俊不禁，但仔细想想却又富含哲理。

年轻的时候，每个人都满腹激情，充满梦想。随着时间的推移，等到我们发现梦想终究太虚幻的时候，我们就长大了。

这就是成长的过程。

所以，成长过程中，有些不管是切实或是不切实际的梦想，都是可以理解的。我们没有理由去评论这些想法是对的还是错的。但是身为梦想的拥有者，你必须有清醒的认识，因为梦想没有责任可贵，梦可以随意织，但却不能忘了自身的责任，对父母的责任也好，对自己的责任也罢。

爬上岸的鱼

楚楚养了一个孩子。

从她的同学那里听到这个消息的时候，我有些惶恐，说话也语无伦次起来。“楚楚不是你同学吗？才高二，怎么可能养孩子呢？”

她笑得前俯后仰，说：“你想哪去了，是资助，她资助一个山区的学生完成学业。”

听她这么说，我倒有些尴尬。见她不停地笑，我只得手扶额头一声不吭。

楚楚的家境并不是太富裕。一次，她从一个慈善机构看到了山区孩子的窘迫情况，并不是很相信。那时正值暑假，她对那里的工作人员说：“真有那么穷苦的地方吗？如果方便的话，下次送救助物资的时候，我想一起去看看。”怕负责人拒绝，她努力抱起墙角边的大箱子，说：“我的力气很大的，可以替你们搬东西。路上我也不需要你们负责我的一日三餐，我自己带干粮。”

工作人员还在犹豫，旁边的负责人有些不忍心了，说：“要不先征询一下你家长的意见吧？”

楚楚回家后，不知道是怎样做通了她父母的工作，第二天她就和父亲一起到了那个慈善机构。慈善机构也没有失信，有了楚楚父亲的许可，便真的带着她上路了。

“原本我觉得我家已经够清贫了，可是一路走下来，看到那些赤脚走路的孩子，穿着破烂衣服，甚至光着身子。他们住着泥坯房，没看过电视，甚至都没有电用，心里就很不是滋味儿。我也是穷人家的孩子，但衣服是干净的、完好的，住的房子够宽敞，有自己的桌子和床。和他们比起来，我真的是太幸福了。”见到她的时候，她对我说。

“有一个10岁的孩子告诉我们，她半年没吃过肉了。我把一包肉干给了她，她打开袋子，小心地撕了一点儿塞进嘴里。她说真好吃，但却没有再吃，说要留给家里的弟弟。当时，我心酸得不得了。有工作人员问她的心愿是什么，她说让弟弟去读书。我问她为什么不是她自己去读，她说她要给家人挖野菜。我问她为什么让弟弟去读书，她说听别人说的，读书以后就有肉吃了。”她开始抹眼泪，“听到这样的话真让人心疼。”

回来后，她就对那个慈善机构的负责人说，以后由她资助那个女孩的弟弟上学。

机构的负责人有些犹豫，毕竟资助孩子不是一件简单的事情。他说不要轻易给别人承诺，给了承诺就必须做到。不然哪天做不到了，他们就会更失望。这种失望比没有希望更可怕。

她没有当即决定，而是接着找了一份假期工。负责人以为她放弃了，可是没几天她又过去了，这次很坚决地报了名。

“这不是我冲动下做的决定，我考虑得很认真，我读的是职高，高二下学期结束就开始实习了。只要开始工作，我就有钱了，赞助一点学费和生活费不成问题。”她说。

“如果你属于高收入阶层，我表示理解。但是目前你只是一个学生，你自身的负担也很大。即使以后参加了工作，你也会有自己的家庭，有自己的孩子。同时，父母也在逐渐衰老，有很多不确定因素。最重要的是，你还不能确定你将来的收入有多少。这些你都考虑过吗？”

她点点头，说：“大不了我再多兼一份职。”

听完她的故事，我不解地问：“这原本不是你的责任，你强行揽过来，会让自己的压力变得很大。你为什么要这么做？仅仅因为同情？”

她想了一下，说：“或许是为了圆自己的一个梦想吧。打个比方，我就是一条水里的鱼，自己不能爬到岸上去。但是，如果我可以助另一条鱼爬上岸，那我肯定会义无反顾地去做。我这么做不是为了帮助她，而是为了帮助我自己。”

看着她明亮的眼神，我突然有些惭愧。

我们可以摆脱很多责任，却不能摆脱我们内心的使命。我想以后即便她很累，也一定会很开心。

剪辑人生

她记得很多快乐的事情。从我见到她的那刻起，她一直在给我讲开心的事。

“那次体育课上，我拍着篮球往前走，球往旁边偏了一下，回来的时候上面钉了一个图钉。当时，我可害怕了，心想要是老师发现了要我赔怎么办。我便偷偷把它放到一边，换了一只继续玩。毕业后聚餐的时候和老师聊这事，他嘿嘿一笑，说当时他看到了，但看到我太胆小，就装作没有看见。啊，原来我胆小如鼠的形象这么深入人心，两年过去了，老师还记得。

"我喜欢写日记，可是漂亮的日记本真的太贵了。我一直想要攒钱买一本，没想到有一天到学校，我的抽屉里真的放了一本日记本。我真的好开心、好开心。

"愚人节的时候，我对后面的同学说班主任让他去办公室，他紧张地问什么情况，我说不知道，我只是传个话。他磨磨叽叽地来到办公室，班主任一脸疑问地问他有什么事，他才知道受骗了，赶紧将我供了出来，说是我让他过去的。班主任大笑，说他愚人节被愚了啊！"

……

她个子不高，很黑很瘦。可能是因为刚从外面进来，脸红红的。讲到高兴的地方，她脑后的马尾辫甩啊甩，淘气又可爱。

这和我的预想很不一样。

她是早产儿，患先天性哮喘，10 岁的时候妈妈过世，爸爸是竹器手艺人，没有太高的文化，收入一般。她家里没有洗衣机和电冰箱。她 11 岁吃了人生中的第一次药膳鸡，12 岁还不知道自助餐是什么，13 岁才知道咖啡是苦的，14 岁还没有坐过火车、乘过飞机……

来见她之前，我甚至准备了很多鼓励她的话，如"不要惧怕艰难，那是对你人生的考验"，或是"总有一天，你会发现你身后的一切磨难只是为了见证你今天的成功"。

可是就是这样一个女生，她没有向我抱怨她身上的病；没有抱怨她爸爸只是一个老实巴交的手艺人；没有抱怨她每天要早早地起来洗衣服，放学回家后要做饭洗碗；没有抱怨她功课太多，学习起来吃力……她记住的都是快乐。

或许听多了孩子的抱怨，我有些意外她能如此快乐。

"你一直这么快乐吗？"

她顿了一下，呵呵笑了，说："哪有这么多的快乐呀！只不过不想把不快乐的事记挂在心上罢了。一直记挂不快乐的事，人也就会变得不快乐。爸爸常说，日子总归要过下去的。既然要过下去，为什么要让自己过得悲观凄苦，快快乐乐、轻轻松松的多好。”

“这些思想都是你爸爸灌输给你的？”我问。

她抿了一下唇，说：“是妈妈。妈妈临死前说的，她说我们的生活还得过下去，不要因为她的离开而影响我们原本的生活。快乐也是一天，悲伤也是一天，既然都是一天，她希望我们快乐。”

她仰起头看天，随后又低下头，接着说：“一开始还是有些忧伤的，但是怕妈妈在天上看着不高兴，就努力让自己快乐。慢慢的，这种快乐就融到了血液里。我会忽略不开心的事情，告诉自己那些都会过去的。忘记不开心的事，留下的就是开心的事了。而且我发现，我快乐了，爸爸也跟着快乐了。”

我点头同意她的话，示意她继续说。

“有时我有一种奇怪的想法，觉得自己就像《花千骨》里的朔风，他的存在是为了成全花千骨，而我的存在或许就是为了让爸爸快乐。让爸爸快乐是我身上肩负的责任，这样一想，我就更快乐了。”

其实，哪个孩子不是爸爸妈妈快乐的源泉？又有哪个孩子不肩负着让爸爸妈妈快乐的责任呢？为了这份责任，不妨也请你把不快乐剪辑掉。

剪辑人生，何尝不是一种智慧？